La Violence et la dérision

Du même auteur

*Les Hommes oubliés de Dieu**
*La Maison de la mort certaine**
Les Fainéants dans la vallée fertile
*Mendiants et orgueilleux**
*Un Complot de saltimbanques**
Une Ambition dans le désert

* Les titres marqués d'un astérisque sont à paraître aux Editions Joëlle Losfeld en 1993 et 1994.

Albert Cossery

La Violence et la dérision

Roman

EDITIONS JOËLLE LOSFELD

I

La journée s'annonçait exceptionnellement torride. Le gendarme qui venait de prendre sa faction au carrefour le plus distingué de la ville eut soudain l'impression d'être la victime d'un mirage. La sueur qui baignait sa figure maussade et le faisait ressembler à une pleureuse en pleine activité funèbre était certainement la cause de son trouble visuel. Il cligna des yeux à plusieurs reprises, comme pour dégager une perspective plus nette à son optique défaillante, mais ce mince effort n'eut aucun succès. Il sortit alors de sa poche un mouchoir à carreaux rouges et blancs, fait d'une étoffe grossière et aussi sale qu'un torchon, et s'épongea le visage avec énergie. Ayant ainsi éclairci (pour un bref moment) sa vision du monde, il reporta son regard en direction du mirage et il en résulta pour lui un choc. Car ce qu'il voyait — à mesure que les éléments du mirage se précisaient à sa vue — c'était un mendiant, le plus beau qu'il eût aperçu depuis longtemps, confortablement installé à l'angle d'un immeuble cossu, de construction récente. Pour comble, cet immeuble abritait une banque et une joaillerie, c'est-à-dire deux aspects d'une métaphysique universelle qui exigeaient qu'on les protégeât sans délai de la canaille. Remettant le mouchoir dans sa poche, et clignant toujours des yeux, pour ne pas perdre le bénéfice de sa nouvelle vision, le gendarme chargea droit sur l'impudent, mû par des instincts homicides. Depuis un mois, les ordres étaient formels : il fallait débarrasser la ville de cette maudite engeance qui proliférait dans ses artères les plus respectables comme des fourmis sur un gâteau de miel. C'était là, il faut le reconnaître, parmi les nombreuses consignes du nouveau gouverneur — un homme débordant d'initiatives hardies — la plus difficile à exécuter. L'ambition du nouveau gouverneur était d'assainir les rues et de les préserver de tout ce qui pouvait entacher leur honneur ; il parlait des rues comme de personnes morales. Aussi, après les prostituées, les vendeurs aux terrasses des cafés, les ramasseurs de mégots et autres coquins de moindre importance, il s'était attaqué aux mendiants, cette race pacifique mais si fortement enracinée dans le sol, qu'aucun conquérant avant lui n'avait réussi à exterminer. C'était comme s'il eût voulu débarrasser le désert de son sable.

Fonctionnaire zélé d'un État fort, le gendarme s'avança donc vers le mendiant (l'attitude sereine de celui-ci témoignait de sa part d'une sorte de provocation) et commença par l'invectiver suivant les règles d'un art éprouvé. Mais le mendiant ne réagit nullement à ses invectives, pourtant meurtrières. C'était un vieillard affreusement ratatiné, avec une barbe grise qui lui rongeait presque tout le visage, et dont la tête disparaissait sous un turban de forme monumentale. Ses yeux clos, aux bords soulignés d'un large trait noir, lui donnaient une apparence équivoque et efféminée, qui était la plus singulière caractéristique qu'on pût observer chez un mendiant. De plus, il était vêtu de hardes multicolores d'une extrême fantaisie, qui eussent mieux convenu à un saltimbanque qu'à un homme de sa condition. Cet excentrique vieillard, ancêtre d'une race éternellement poursuivie, semblait plongé dans un sommeil léthargique, que ne parvenait guère à troubler le vacarme assourdissant produit par les nombreux véhicules se frayant un chemin au carrefour. Le gendarme, voyant l'inanité de ses invectives et de ses injonctions, finit par lui donner un coup de pied, puis un second, pour le tirer de cette inertie provocatrice. Il s'apprêtait à lui en donner un troisième, quand il vit le mendiant délaisser sa pose primitive pour s'affaler par terre et prendre l'attitude hautement dédaigneuse d'une créature sans vie. Un moment, le gendarme crut l'avoir tué, et la panique s'empara de lui à l'idée qu'il venait de perdre sa prise. Un mendiant mort, c'était moins que rien ; c'était même un incident à le faire révoquer. Il le lui fallait vivant. Il se pencha sur le vieillard, l'attrapa par son turban, et se mit à le secouer d'une façon insensée et sauvage, comme s'il eût voulu le ressusciter. Cette action irréfléchie fit jaillir l'irréparable : on vit soudain la tête du vieux mendiant se détacher de son cou avec une facilité qui tenait de la magie, et demeurer collée au turban que le gendarme continuait d'agiter dans le vide comme un trophée sanglant. La foule des badauds, qui, depuis un moment, s'était massée autour des deux protagonistes de cette scène, poussa un cri d'horreur et manifesta son indignation par un déluge d'insultes à l'adresse du gendarme. Celui-ci, débarrassé de son trophée, regardait la meute hurlante qui le traitait d'assassin avec l'air d'une personne affligée de crampes d'estomac. Il fallut un certain temps avant que les esprits échauffés par ce carnage matinal ne se rendissent compte de la supercherie. Car, ce qu'on avait tout d'abord pris pour un mendiant de chair et de sang n'était en réalité qu'un mannequin habilement grimé par un artiste consciencieux, et exposé dans cet endroit respectable avec l'intention évidente de narguer la police. Cette découverte, au lieu d'apaiser la foule, la jeta dans un autre extrême ; elle se mit à ricaner et à se moquer de l'infortuné gendarme encore sous l'effet de la surprise. Devant cette foule hilare dont les quolibets lui transperçaient l'uniforme comme autant de dards, le malheureux se saisit de son sifflet réglementaire et, à l'aide de cet instrument, fit entendre une série de sifflements aigus, destinés à ameuter les plus courageux de ses collègues, à l'affût dans les environs. Mais cet appel demeura sans réponse ; d'ailleurs, la foule se dispersait déjà, ayant eu son contentement pour toute la journée. Chacun s'en alla vers ses déboires personnels en commentant l'événement à sa manière, mais toujours avec cet esprit malveillant qui anime la racaille, lorsqu'elle se trouve en face d'un représentant de l'ordre tombé dans l'adversité.

II

Au kilomètre de là, dans une chambre située sur la terrasse d'un immeuble de six étages en bordure de la mer, le jeune Karim, l'auteur de cette farce, était loin de se prévaloir de cette atteinte grave portée à l'autorité du gouverneur. Il n'y pensait même pas. Étendu sur son lit, le torse nu, les doigts occupés à tordre une mèche de cheveux, ramenée sur le front, il rappelait par son indolence un monarque blasé, saturé de richesses et de jouissances. Tout en s'abandonnant à cette molle langueur, il semblait goûter un plaisir voluptueux à observer sa maîtresse d'une nuit, en train de s'habiller, debout au milieu de la chambre. Au sourire condescendant qui apparaissait par instants sur ses lèvres, on eût dit qu'une procession de bayadères, aux hanches ondoyantes et lascives, défilait devant ses yeux pour son délassement intime, et non une pauvre créature (ramassée la veille dans la rue) dont les charmes modestes n'avaient plus pour lui aucun secret. Cette ambiance de haut luxe, qu'il essayait de créer par son attitude alanguie et précieuse, cachait, à vrai dire, un état d'extrême tension, auquel il était soumis depuis son réveil. Comme toujours en pareil cas, Karim usait de cette atmosphère factice pour camoufler une tactique propre à décourager la vénalité de ses éphémères amantes. La réussite de cette tactique — quoique certaine — ne laissait pas cependant de l'émouvoir au point de précipiter les battements de son cœur. Le moment où il allait être obligé de dévoiler son jeu approchait inexorablement.

Le jeune Karim n'était pas à son coup d'essai ; d'après ses nombreuses expériences, il y avait très peu de chances pour que l'affaire ratât. Cette petite prostituée, qu'il avait ramenée chez lui après avoir installé le faux mendiant au carrefour, ne ferait certainement pas d'histoires ; elle n'avait pas le tempérament d'une fille à scandale. Tout au plus se fâcherait-elle. Mais cela importait peu à Karim ; il n'avait pas l'intention de la revoir. D'ailleurs, l'échec probable de sa piteuse comédie ne l'inquiétait que partiellement ; le dénouement se ferait d'une manière ou d'une autre. Ce qu'il désirait surtout, c'était se débarrasser d'elle au plus vite. La lenteur méticuleuse qu'elle mettait à s'habiller commençait à l'exaspérer. Il avait hâte de la voir s'en aller et d'être enfin seul. Cette fille avait cessé de le divertir. Des événements de la plus puissante drôlerie — comme il en arrivait journellement — avaient dû forcément se produire sur la surface de la terre, et il voulait en savourer toute la substance dans la solitude, ou bien en compagnie de camarades susceptibles de les comprendre. Partager avec une femme des jouissances aussi délicates lui paraissait inconcevable. Ces femelles étaient absolument imperméables à cette sorte d'humour à l'échelle mondiale ; elles ne pourraient jamais apprécier à sa juste valeur toute la sottise congénitale contenue, par exemple, dans le discours d'un ministre. Elles prenaient au sérieux toutes les actions bouffonnes des tyrans au pouvoir. Celle-là devait être aussi bornée que les autres. En dehors des propos inoffensifs qui agrémentent les jeux de l'amour, Karim n'avait rien à lui dire.

Tout en la regardant s'habiller, il ne cessait de lui octroyer comme une faveur spéciale son sourire condescendant de monarque blasé. La fille remettait maintenant ses souliers, le visage penché, la nuque humble. Karim s'irritait de son silence ; il lui semblait y déceler comme une sorte de reproche. Est-ce qu'elle se doutait déjà de quelque chose ? Enfin, elle enfila sa robe et fut prête.

C'était l'instant fatidique, Karim prit l'air détaché d'un grand seigneur habitué aux largesses, et qui répugne aux marchandages, pour dire :

— Zouzou, ma chérie ! Avant de partir, mets ta main dans la poche de ma veste et prends ce que tu veux.

La fille resta sans bouger, visiblement déconcertée par cette invite ; un court instant son regard parcourut la pièce — peut-être à la recherche de la veste — mais aussitôt elle baissa les yeux, comme prise d'une honte subite. C'était une fille très jeune, avec un visage d'enfant, aux traits gracieux et touchants. On voyait sans peine à ses manières empreintes d'humilité qu'elle était nouvelle dans sa profession. Avec sa robe de cotonnade imprimée, son maintien modeste et son maquillage discret, elle ressemblait plus à une brave écolière qu'à une courtisane. Son aventure était assez pitoyable. Elle fuyait les sbires du gouverneur quand, la veille, Karim l'avait accostée, puis invitée — suivant sa façon princière habituelle — à passer la nuit dans son appartement. Il est vrai que Karim désignait de cette appellation pompeuse même un terrain vague, pourvu que celui-ci eût le privilège de l'avoir comme résident. La fille s'était laissé séduire ; elle n'avait pas le choix.

Elle demeurait toujours silencieuse et irrésolue. Moment pathétique ! La veste de Karim était accrochée au dossier d'une chaise, à quelques pas de la fille ; malheureusement, ses poches étaient vides ou presque. L'argent qu'elle y trouverait n'aurait pas suffi pour nourrir un oiseau, même de maigre constitution. Karim observait maintenant la fille, en proie à un doute qui croissait de seconde en seconde. Comment allait-elle se comporter ? Allait-elle s'approcher de la chaise et fouiller les poches de sa veste ? La garce, elle n'oserait quand même pas le prendre au mot. Est-ce qu'il ne l'avait pas traitée comme une princesse ! Ne devrait-elle pas se croire comblée par l'ardeur des sentiments qu'il lui avait manifestée durant cette interminable nuit d'amour. Karim se rappelait l'outrance de ses déclarations enflammées ; n'était-il pas allé jusqu'à la demander en mariage. Il n'avait vraiment rien négligé pour la conquérir. Allait-elle à présent ternir sa réputation et ruiner par un geste mesquin une idylle aussi bien commencée ? Ce serait stupide de sa part.

Le silence devenait intolérable. Karim s'apprêtait à ouvrir la bouche pour dire quelque chose et essayer de sauver la situation par d'autres moyens, lorsque la fille parla enfin :

— Oh ! non ! Je te remercie. C'est très bien comme ça.

La partie était gagnée ; Karim pouvait insister sans risques. Il détendit ses membres, enfonça sa tête dans l'oreiller, puis bâilla splendidement.

— Mais si ; je l'exige. Allons, prends ce que tu veux. Sinon je me fâcherais.

— Une autre fois, dit la fille. Pour l'instant, je nai besoin de rien.

Karim parut vexé par ce refus ; il devint sentimental.

— Zouzou, tu me fais de la peine. Je croyais qu'on n'était plus des étrangers l'un pour l'autre. Tout ce qui m'appartient est à toi. Est-ce que par hasard tu ne m'aimes plus ?

— Je ne voulais pas t'offenser, s'excusa la fille, comme si elle prenait conscience du tort qu'elle faisait au jeune homme. Mais cela m'est impossible d'accepter ton argent. Tu as été si gentil avec moi.

— C'est tout simplement l'amour qui m'a fait agir ainsi, répondit Karim, que les dernières paroles de la fille avaient définitivement rassuré sur l'efficacité de sa méthode. Mais je m'en voudrais de te forcer. Fais comme tu veux. Tu es ici chez toi. Je te considère comme ma femme.

Elle eut un sourire triste, peut-être à cause de l'énormité de ce mensonge, peut-être aussi parce qu'elle sentait l'impossibilité d'être jamais sa femme. Sans un mot, elle saisit son sac à main qui traînait sur la table, et fit mine de prendre congé. C'est alors seulement que Karim réalisa à quel point elle pouvait être jeune ; à quel point son air éperdu, son sourire timide, pouvaient être bouleversants.

Après cette longue nuit d'amour, c'était la première fois qu'il la regardait vraiment, non plus à travers le voile du désir, mais comme une créature humaine traquée et sans défense. Cette constatation lui fut si pénible qu'il en oublia son attitude de monarque dégénéré ; les bayadères aux hanches ondoyantes et lascives disparurent ; il ne resta plus dans la pièce qu'un spectacle navrant et réel. Il n'y avait aucun doute : cette fille avait apporté la tragédie avec elle. Karim ne s'attendait pas à cette attaque maligne du destin ; ce qui venait de se produire lui paraissait monstrueux. « Quelle affligeante perspective, se dit-il, me voici la proie du remords ! » Il essaya d'échapper à cette faiblesse, mais la pitié qu'il ressentait semblait avoir des prolongements jusque dans ses entrailles. La nécessité de faire quelque chose en faveur de la fille s'imposait à lui. L'aider par n'importe quel moyen, ne pas la laisser partir ainsi. Mais comment ? Se soulevant sur un coude, il jeta un coup d'œil plein d'espoir sur sa veste, comme s'il pensait découvrir dans ses poches un trésor oublié ; dans son désarroi il comptait sur un miracle. Il réfléchit vite à ce qu'il pourrait lui offrir en dehors de l'argent, pour lui prouver au moins sa sympathie. Finalement, il crut avoir trouvé. C'était très simple : il allait lui demander son nom. Zouzou était le nom que Karim donnait invariablement à toutes ses conquêtes d'une nuit, pour des raisons de facilité et, aussi, pour ne garder d'elles aucun souvenir précis. Eh bien, avec cette fille-là, il agirait différemment. Il faillit pleurer à l'idée qu'elle serait partie en le laissant dans l'ignorance de son nom. Tout à coup la connaissance de ce nom avait acquis pour lui une mystérieuse importance.

Il demanda avec une infinie douceur dans la voix :

— Comment t'appelles-tu ?

Elle hésita avant de répondre. On la sentait touchée par cette marque d'intérêt soudain.

— Je m'appelle Amar, dit-elle.

— Eh bien, Amar, j'ai été ravi de te connaître. Passe me voir bientôt. Je compte sur toi.

— Je peux vraiment ? dit-elle avec une lueur joyeuse dans les yeux. Je ne te dérangerai pas ?

— Pas du tout. Au contraire. Tu es ici chez toi. Ne te l'ai-je pas déjà dit.

— J'en suis très heureuse. Je m'en vais maintenant.

Il fallait peut-être se lever, aller à elle et l'embrasser, mais Karim hésitait à s'engager plus loin dans cette aventure. Cette fille lui brisait le cœur ; pour un peu elle allait le rendre neurasthénique. Il ne bougea pas.

— Salut sur toi, dit-il, toujours couché.

Avant de partir, elle eut des termes d'une rare civilité pour le remercier de cette nuit passée sous son toit. On eût dit à l'entendre qu'elle avait été comblée d'honneurs et de prévenances. Karim, perplexe, s'imaginait qu'elle avait deviné son manège et que ses paroles affables distillaient une atroce moquerie. Mais cela n'était guère probable ; tout dans la jeune fille respirait la franchise et l'honnêteté. Karim avait honte d'avoir abusé de sa candeur ; le remords le tenaillait encore. Au fond, elle l'avait possédé à sa manière ; il s'en rendait compte maintenant.

Amar ouvrit la porte et la terrasse apparut inondée de soleil ; la lumière entra dans la chambre.

— Laisse la porte ouverte, dit Karim.

En entendant la porte extérieure se refermer sur la fille, Karim se sentit soulagé d'un grand poids. Enfin, il pouvait respirer à l'aise. Il sauta du lit, puis, ayant resserré le cordon de son pantalon de pyjama, il sortit sur la terrasse. Depuis une semaine environ qu'il habitait cette chambre, où il jouissait d'une vue superbe sur la mer (ce qui le changeait agréablement de son ancien logis, sombre et sans air, un vrai taudis des quartiers indigènes), il se réveillait chaque matin avec un sentiment de joyeuse allégresse. Son premier acte de la journée consistait à sortir sur la terrasse pour se repaître du spectacle que lui offrait sa situation privilégiée. Il n'était pas encore rassasié de cette nouveauté. Même la lecture du journal qui avait été jusqu'à présent l'aliment essentiel de sa joie — par le fait d'un univers fertile en démences de toutes sortes — passait après ce tour d'horizon quotidien. De son sixième étage, comme un explorateur du haut d'une montagne, Karim dominait la ville et ses multiples repaires où s'activait à prospérer la foule des imbéciles et des salopards. Cette vue générale d'une société livrée au plus sanglant brigandage lui procurait un plaisir sans bornes. De plus en plus, il considérait sa nouvelle résidence comme un observatoire où ses facultés d'humour pouvaient s'épanouir en toute liberté.

Il s'accouda au parapet de briques qui bordait la terrasse et fixa la mer. Jusqu'aux lointaines vapeurs qui bouchaient l'horizon, la mer était étale et brillante comme un miroir. A sa droite et à sa gauche, la ville s'étendait, présentant avec ses immeubles modernes aux teintes claires l'image trompeuse d'une cité florissante. Personne, depuis le large, n'aurait pu soupçonner derrière cette façade l'immensité lépreuse des quartiers indigènes, avec leurs taudis infects et leur crasse millénaire. Karim sentait la chaleur du soleil sur son torse nu ; il respira fortement, puis se pencha et regarda au-dessus de lui la piste macadamisée de la corniche. Celle-ci longeait le rivage sur plusieurs kilomètres. C'était une large avenue avec une double chaussée, et un trottoir pour les promeneurs qui venaient le soir chercher la fraîcheur de la mer, en décortiquant des graines de pastèque. De nombreuses autos roulaient à une allure effrénée, semblables, vues de là-haut, à des jouets mécaniques détraqués. Parfois, pour le bonheur de Karim, un cocher de fiacre endormi sur son siège mettait une note humaine dans cette poursuite infernale vers le néant. Mais c'était de plus en plus rare maintenant de voir un homme au repos. La police pourchassait la paresse et la nonchalance, les jugeant des crimes contre la nation. Toute une civilisation, tout un mode de vie facile et débonnaire, tendaient ainsi à disparaître. Sur le trottoir réservé aux promeneurs, seuls quelques passants pressés d'arriver on ne sait où circulaient d'un pas rapide. Il y avait quelque chose de changé dans le paysage ; on n'apercevait pas la moindre trace de vagabond couché au soleil. Aucun corps étendu ou seulement accroupi sur le sol. La mendicité était devenue une affaire clandestine. Où donc se terraient les mendiants ? Il était peu probable qu'ils travaillassent tous en usine. Mais alors ?

Quelle tristesse ! L'absence de mendiants sur la corniche était le signe des temps nouveaux. Ce gouverneur ignare, avec ses idées absurdes, avait réussi à modifier l'aspect fondamental de la ville. Karim se demandait ce qu'il était advenu du mannequin qu'il avait déposé la veille au centre du quartier européen. L'avait-on déjà découvert ? Il regrettait de ne pouvoir assister à la capture du faux mendiant par la police ; il ratait là une belle occasion de rigoler. Peut-être pourrait-il en recueillir quelques échos dans la presse. Ce n'était pas certain. Tous les journaux étaient à la solde du gouverneur ; ils n'oseraient jamais publier une nouvelle qui ferait de lui la risée même des enfants en bas âge. N'importe ! Le gouverneur, lui, sera informé de cette tentative de tourner ses ordres en dérision ; son cerveau obtus allait subir un éclatement. Il ne s'attendait sûrement pas à être combattu d'une façon aussi inusitée. Jusqu'ici, il s'était contenté d'arrêter quelques membres du parti révolutionnaire clandestin qui, depuis des années, servaient de faciles victimes à tout gouverneur au pouvoir. Ayant ainsi démontré sa force, à l'instar de ses glorieux prédécesseurs, et résolu le problème de l'opposition dans les couches laborieuses, le gouverneur se croyait bien à l'abri de toute propagande nuisible à ses intérêts. Il ne connaissait qu'une seule espèce d'esprits subversifs : des individus intransigeants dans leur haine, se glorifiant de leurs actes, et prêts à mourir pour le triomphe du droit et de la justice. Bref, des gens qui, comme lui, se prenaient au sérieux. Comment pouvait-il se douter de l'éclosion dans la ville d'une sorte inconnue de révolutionnaires ? Des révolutionnaires narquois et pleins d'humour, qui le considéraient comme un fantoche — lui et ses pareils à travers le monde — et pour qui ses faits et gestes n'étaient que convulsions grotesques et bouffonnes. Aussi Karim prévoyait pour lui les pires embêtements. Il allait se trouver submergé par un état insurrectionnel d'un genre nouveau, et devant lequel il ne saurait pas de quelle manière réagir. Bien que le faux mendiant fût une farce qui ne manquait pas de drôlerie, ce n'était toutefois qu'une bagatelle comparée à la gigantesque entreprise loufoque qui se préparait. Karim savait que son ami et complice, l'incomparable Heykal, était en train d'élaborer une action, dont la subtilité et l'ampleur souterraine devaient ruiner à jamais l'autorité du gouverneur. A vrai dire, il ignorait l'essentiel de ce qui se tramait, Heykal étant resté mystérieux sur les détails de cette joyeuse conspiration. Un fait cependant prouvait l'imminence de la lutte insidieuse que Heykal s'apprêtait à livrer. Heykal s'était finalement décidé à rencontrer Khaled Omar, le négociant, et l'avait chargé d'un message pour ce dernier, lui fixant un rendez-vous pour ce soir même. Ce simple rendez-vous signifiait que Heykal avait mûri un plan d'attaque, et qu'il avait besoin de subsides matériels pour le mettre à exécution. Khaled Omar était l'homme dont la fortune et la largeur d'esprit pouvaient lui apporter une aide inappréciable. Donc, ce soir, il y aurait du nouveau ; Heykal allait enfin exposer ses projets. La rencontre devait avoir lieu dans un café de la ville européenne, et Heykal avait spécifié qu'il désirait s'entretenir avec le négociant en tête à tête ; sans doute voulait-il abuser de son charme sans témoin. Karim était sans inquiétude sur le résultat de cet entretien. Khaled Omar sera certainement subjugué par l'ascendant irrésistible qu'exerçait Heykal sur toutes les personnes qu'il rencontrait. On ne résistait pas à Heykal.

Il était encore trop tôt pour rendre visite au négociant ; celui-ci n'allait à son bureau que tard dans la matinée. En attendant, Karim déambula sur la terrasse, en songeant aux multiples déboires que lui et ses amis réservaient à l'ignoble gouverneur. Toutefois, le souvenir de la jeune putain qu'il avait roulée, en lui faisant le coup du grand amour, continuait à l'obséder. Il se promit, s'il devait la revoir un soir prochain, de lui offrir un peu d'argent ou un cadeau quelconque. Rasséréné par cette pensée altruiste, il rentra dans sa chambre et se dirigea tout droit vers un coin où s'entassaient des cerfs-volants de toutes tailles et de toutes couleurs, certains en cours de construction. L'occupation favorite de Karim, depuis quelques mois, consistait à fabriquer des cerfs-volants qu'il vendait à un marchand de bonbons et pois chiches — doté d'une clientèle enfantine — qui avait sa boutique dans une rue du voisinage. A l'époque des avions à réaction, le jeune Karim trouvait merveilleusement génial de riposter au progrès néfaste d'un monde halluciné par la mécanique en fabriquant des cerfs-volants, jouets superbes et futiles. Il éprouvait une joie rassurante à voir dans le ciel ces engins légers et pacifiques narguer les lourds navires aériens, machines grossières, dénuées de toute poésie.

Il fureta un moment dans le tas, finit par en dénicher un encore à l'état de squelette et dont la structure formée de tiges de roseaux découpées et fixées en leur milieu par une ficelle laissait prévoir un cerf-volant d'une taille stupéfiante. Puis il s'empara d'une paire de ciseaux, de quelques rouleaux de papiers coloriés, et d'une assiette dans laquelle il mélangea de l'eau avec de la farine pour obtenir une substance collante. Revenu sur la terrasse avec ces divers matériaux, il disposa à même le sol dallé le squelette du cerf-volant, s'accroupit, et se mit à l'ouvrage avec la même conscience et la gravité austère d'un savant construisant un appareil capable d'effectuer le voyage dans la lune.

Accaparé par sa besogne, Karim ne fit pas attention à l'intrusion sur la terrasse d'un personnage à l'allure minable qui, debout près de la porte de l'escalier, essayait vainement de reprendre son souffle. Cet individu pâle et souffreteux, âgé d'une cinquantaine d'années, portait un dossier sous le bras et tenait à la main un parapluie fermé, sur lequel il s'appuyait en chancelant. Il mit un bon moment à haleter, puis fut secoué d'une quinte de toux qui, à plusieurs reprises, faillit l'étrangler. Au son de cette toux rauque, Karim releva la tête et, médusé, regarda stupidement l'intrus. Celui-ci le regarda aussi, comme quelqu'un qui dans une foule retrouve une connaissance, mais sans grand plaisir.

— C'est toi le nommé Karim ?

— Oui, c'est moi. De quoi s'agit-il ?

— Police, dit l'homme. Je suis chargé d'une enquête à ton sujet.

Karim se dressa d'un seul mouvement sans quitter l'homme du regard. Curieux policier ! Par cette canicule, il était vêtu comme pour affronter les rigueurs d'un rude hiver : un costume de gros drap sombre et une écharpe de laine enroulée autour du cou. Son maigre visage avait un air grave et soucieux, mais non sévère. C'était la sorte de gravité qu'on distingue chez certains malades condamnés à une mort prématurée. Il semblait au bord de l'épuisement. Les six étages qu'il avait dû gravir représentaient une performance dangereuse pour son âge. Le soleil aveuglant qui noyait la terrasse l'empêchait de bien voir ; il ouvrit son parapluie et, sous une ombre propice, dévisagea longuement le jeune homme. Cette attitude cocasse eut sur Karim un effet salutaire ; son appréhension disparut. Il s'avança vers le policier.

A quel propos, cette enquête ? demanda-t-il.

— Est-ce qu'on ne pourrait pas entrer chez toi ? J'aimerais m'asseoir. J'ai à te parler.

— Mais c'est un honneur ! dit Karim. Entre donc.

Le policier referma son parapluie et entra dans la chambre. Karim le suivit sans inquiétude. Il se demandait, quand même, qu'elles étaient les raisons qui motivaient cette enquête. Il y avait longtemps qu'il n'avait pas eu affaire aux autorités. Qu'elles l'aient repéré — et aussi vite — comme l'auteur du faux mendiant était impensable. Ou alors elles s'adonnaient à l'occultisme ! C'était peu croyable.

Tant pis, on verra bien. La mine de ce policier asthmatique et frileux lui paraissait de bon augure.

Karim ne manqua pas aux civilités d'usage.

— Veuille prendre un siège, Excellence ! J'ose espérer que tu excuseras le désordre des lieux. Je viens à peine d'emménager.

— Aucune importance. Ce n'est pas une visite mondaine.

Le policier s'assit ; il haletait encore, mais faiblement. Karim attrapa prestement sa veste, et s'en couvrit le torse ; il venait de se souvenir qu'il lui fallait avoir une attitude décente devant un représentant de l'ordre, fût-il mourant et étouffé par l'asthme. Depuis qu'il connaissait Heykal, c'est-à-dire depuis que la vie lui était apparue sous l'aspect d'une comédie pleine de fureurs dérisoires, Karim avait abdiqué toute dignité dans ses rapports avec la tourbe des gens qui détenaient une parcelle du pouvoir. Il fallait faire l'imbécile, se montrer plus bête qu'eux. C'était le seul moyen de les dégoûter. Heykal lui avait expliqué que la dignité n'avait de prix qu'entre des hommes égaux et ayant des sentiments d'estime réciproque. Garder sa dignité devant un policier ou tout autre agent de la puissance du jour ne signifiait absolument rien. C'était, disait Heykal, comme si on essayait de garder sa dignité devant un chien enragé. Devant un chien enragé, la seule attitude intelligente est la fuite. Quant au nombre des hommes qui, dans le vaste monde, méritaient qu'on eût devant eux une attitude digne, il était si limité qu'on ne risquait guère de les rencontrer souvent.

Karim boutonna sa veste, puis s'assit à son tour et dit de l'air de quelqu'un qui attend une communication de la plus haute importance :

— J'écoute.

L'étrange policier ouvrit son dossier, en retira une feuille et sembla la consulter.

— Tu habites ici depuis longtemps ?

— Une semaine à peu près. Comme tu le vois, je viens de m'installer. J'ai l'intention de meubler cette pièce d'une façon tout à fait moderne. J'attendais un menuisier mais, malheureusement, il vient de perdre sa femme, et m'a laissé en panne. Je dois faire appel à un autre.

Le policier poussa un soupir et hocha la tête, comme s'il lui était pénible de détruire de si belles illusions.

— Tu ferais mieux de t'en abstenir, dit-il.

— Pourquoi ?

— Parce que tu ne peux pas continuer à habiter ici. C'est défendu.

— Comment, défendu ?

Les yeux du policier se rapetissèrent, et il se pencha sur Karim comme s'il allait lui révéler un terrible secret.

— Sais-tu, mon brave, que cet immeuble est situé sur une voie stratégique !

Bien que cette déclaration fût de nature à provoquer l'hilarité, Karim demeura imperturbable. Pas le moindre sourire ne vint égayer son visage. Au contraire, il parut fortement impressionné par ce qu'il venait d'entendre. Sur un ton de contrition — celui d'un citoyen intéressé au fonctionnement des affaires du pays — il répondit :

— La corniche, une voie stratégique ! Je ne le savais pas, Excellence ! Sur mon honneur, je ne le savais pas.

— Eh bien, je te l'apprends. Sache que la corniche est une voie stratégique de première importance. Des hommes politiques, des représentants d'États étrangers, des chefs militaires prestigieux empruntent quotidiennement cette voie.

— C'est bien vrai, dit Karim, mais je ne vois pas en quoi cela me concerne.

— Tu ne vois vraiment pas ?

— Non, par Allah ! Je ne vois pas. J'ai beau faire un effort, je ne saisis pas.

— Alors je vais être obligé de t'instruire. Voilà : tu es un homme dangereux !

— Moi ! Que me reproche-t-on ?

— Rien pour le moment, admit le policier. N'empêche que tu es sur la liste noire. On s'est déjà occupé de toi, n'est-il pas vrai ?

— C'est juste. Je ne le nie pas. Mais c'était il y a des années, sous l'ancien gouvernement.

De nouveau, le policier hocha la tête et prit même un air apitoyé comme si de pareils arguments étaient moins que stupides. Vraiment, ces révolutionnaires étaient d'une naïveté désarmante.

— Si tu n'aimais pas l'ancien gouvernement, dit-il, il n'y a aucune raison pour que tu aimes celui d'à présent. Les fortes têtes comme toi, on les connaît.

L'éclatante justesse de cette sentence stupéfia Karim et le rendit muet pour un moment. Que répondre à cela ? Il n'allait pourtant pas se laisser déborder par l'extravagance de ce policier minable. Il fallait tenir jusqu'au bout.

Il protesta de sa bonne foi.

— Quelle erreur, Excellence ! Moi, ne pas aimer le gouvernement ! Mais il faudrait être aveugle pour ne pas l'aimer. Regarde-moi : suis-je aveugle ? Je te dirai franchement que je considère le gouvernement actuel comme mon propre père. Quelle autre preuve puis-je te donner de mon respect pour lui ?

— Au fait, où est-il ton père ?

— Il est mort, répondit Karim. Je suis orphelin.

Soit que l'occasion lui parût inespérée, soit qu'il voulût forcer son rôle de rebelle repenti, Karim se trouva bientôt au bord des larmes. Plaçant son front entre ses mains, il se mit à marmonner, en pleurnichant presque, des bribes de phrases où il était question de sa malchance et des malheurs endurés par lui dès sa plus tendre enfance. L'effort qu'il faisait pour atteindre à ce réalisme de mélodrame, s'il ne convainquit pas entièrement le policier, sembla, pour le moins, l'avoir ébranlé. Il demeurait silencieux, attendant que s'apaisât cette douleur intempestive. Mais Karim lui porta un coup suprême en lui parlant de sa pauvre mère, décédée à la suite d'une maladie étrange (qui ressemblait fort à l'asthme) dont il décrivit les symptômes et les ravages avec la précision d'un médecin patenté.

A cette description, une ombre de tristesse voila les yeux du policier ; ses traits prirent une expression désabusée et mélancolique. Il y avait trente ans qu'il pratiquait son métier ; il n'avait plus rien à apprendre sur les vissicitudes de l'existence. Son scepticisme sur les bienfaits de l'ordre et, surtout, son manque total d'ambition l'avaient maintenu à l'échelon inférieur, dans une profession où le cynisme et la brutalité étaient les seules vertus pour accéder aux grades. De profonds sentiments humanitaires le prédisposaient à la fraternité avec les hommes. Ce jeune homme aurait pu être son fils ; il était touché par sa souffrance, feinte ou réelle.

— De quoi vis-tu ? Tu travailles ?

— Mais certainement, dit Karim. Je suis constructeur.

— Constructeur de quoi ?

— Je construis des cerfs-volants.

— Tu te moques de moi.

— Comment oserais-je, Excellence ! Mais c'est la pure vérité. Il n'y a là rien d'extraordinaire. Tu n'as qu'à te rendre compte toi-même. Je vais te montrer quelques spécimens de ma fabrication.

Il se leva vivement et s'approcha du coin de la pièce où étaient rangés des cerfs-volants. Il en prit deux — un dans chaque main — de formes et de couleurs différentes, puis les souleva à bonne hauteur, pour que le policier puisse les admirer à loisir.

— Voilà. Regarde. Tu vois ces cerfs-volants, c'est moi qui les construis. Il n'y en a pas de pareils, même à l'étranger. On m'en commande de toutes les parties du monde. Je vais être bientôt obligé d'engager des aides.

Le policier, qui ne voulait pas encore croire à cette histoire, contemplait les deux cerfs-volants brandis sous ses yeux comme des objets issus d'un rêve. Malgré son désir de rédiger un rapport assez favorable, il voyait bien qu'il ne pourrait jamais y démontrer que la construction des cerfs-volants était un travail honnête. Pourtant, se disait-il, ces cerfs-volants, il y avait sûrement des gens qui les fabriquaient ; ils n'étaient pas un produit de la nature. Mais comment faire admettre à ses supérieurs qu'un ancien révolutionnaire, un esprit subversif, s'adonnât à cette besogne, sans qu'il soit par là même rendu suspect ?

— Ce n'est pas sérieux, dit-il. Si je mets ça dans mon rapport, c'est moi qui aurai l'air de me moquer des autorités.

— Et pourquoi donc ? Il n'y a là rien de désobligeant. C'est un travail modeste, certes, mais qui procure de la joie à des milliers d'enfants qui s'amusent avec ces cerfs-volants. Comment peux-tu me reprocher, Excellence, de m'intéresser à ce qui fait la joie des enfants ? Les enfants, n'est-ce pas, sont les héros de l'avenir. Je reconnais que pour un observateur superficiel, ces cerfs-volants constituent un divertissement puéril. Mais quand on approfondit le problème, on remarque que les enfants qui en font usage acquièrent dans la pratique de ce sport pacifique une constitution robuste et une conception saine de la société, qui en feront plus tard des citoyens honorables, respectueux des lois. Bref, comme tu le reconnaîtras aisément, je travaille dans l'intérêt de la nation.

Cette longue tirade fut suivie par le policier avec beaucoup de peine ; ce jeune homme l'étonnait de plus en plus. S'il n'était plus un révolutionnaire, il était du moins fou. Le policier pensait à son rapport ; il entrevoyait des difficultés sans nombre.

— Si je puis me permettre, dit Karim après un silence.

— Je t'en prie.

— As-tu des enfants ?

Voilà qu'il pénétrait dans son intimité, maintenant. Allait-il aussi lui demander si sa femme était jolie !

— Oui, j'ai des enfants. Que Dieu les garde !

— Quel âge ont-ils ?

— L'aîné a treize ans.

— Merveilleuse coïncidence ! Puis-je me permettre alors de leur offrir un de ces cerfs-volants ? Ce sera pour moi un honneur et un plaisir.

Le policier se rebiffa, mais d'une manière courtoise, sans ostentation.

— Si je ne m'abuse, ceci est une tentative de corruption de fonctionnaire. Je serai contraint de le mentionner dans mon rapport.

— Te corrompre ! s'exclama Karim. Que le ciel m'écrase ! Excellence, tu fais injure à mes sentiments. Crois-moi, j'aime tellement les enfants. Au point que, lorsque j'en vois un, les larmes me viennent aux yeux. Je ne comprends pas comment tu as pu assimiler mon offre à une corruption de fonctionnaire. C'était de ma part un geste instinctif ; mes intentions étaient nobles et pures. Je serais déshonoré si tu rejetais mon humble offrande.

Et, de nouveau, il fit mine de pleurnicher.

L'esprit du policier était soumis à une rude épreuve. Tout ce qui concernait cette enquête se révélait incertain, si éloigné de la paisible routine. Ce jeune homme était-il sincère ? Le policier était près d'en convenir. Jamais l'un de ces révolutionnaires orgueilleux et obstinés, imbus de leur mission de haine et de mort, n'aurait employé un tel langage, ni surtout versé des larmes. Rien qu'à ces signes il était sûr de ne pas se tromper. Mais l'étrange était que cette certitude, il ne savait pourquoi, l'attristait. Qu'adviendrait-il du monde si tous les révolutionnaires se mettaient à se repentir et à s'amender ? Il lui semblait qu'une lumière s'éteignait quelque part.

Karim avait déposé l'un des cerfs-volants sur le tas et tendait toujours l'autre au policier, dans un geste de supplication. Son visage avait pris une expression de souffrance morale épouvantable.

— Tu ne peux pas me faire cet affront !

La nature compatissante du policier le rendait vulnérable. Il se sentait vaguement coupable d'une impolitesse. La moindre civilité eût voulu qu'il ne refusât pas un cadeau offert avec une telle ferveur.

Peut-être la minceur même du cadeau l'incita-t-elle finalement à accepter. Il toussa pour s'éclaircir la voix.

— Soit. Je veux bien. Mais alors je prends le plus petit.

— Je suis ton serviteur, s'empressa Karim. Tu m'as lavé de la honte.

Prenant le policier par le bras, il l'invita à choisir. Le policier, après un instant d'hésitation, porta son choix sur le plus petit cerf-volant qu'il put trouver ; il n'oubliait pas le problème du transport. Il se voyait en train de trimbaler jusqu'à sa maison cet encombrant jouet, et ne cachait pas son embarras.

— Avec mes compliments, dit Karim. J'espère que les enfants s'amuseront bien.

— Je te remercie en leur nom, dit le policier en se dirigeant vers la porte. Je dois maintenant rédiger mon rapport. Tu seras convoqué incessamment.

— Ta visite m'a grandement réconforté, répondit Karim. Je me sentais seul et abandonné. Crois-moi, je t'en suis très reconnaissant.

Il sortit avec le policier sur la terrasse et l'accompagna jusqu'à la porte de l'escalier, en lui faisant maints saluts et courbettes. Pendant quelques minutes encore, il garda son attitude guindée et déférente, puis, d'un seul coup, il éclata d'un rire énorme.

Il ne pouvait pas s'arrêter de rire. Ainsi la corniche était devenue une voie stratégique ! Ah ! les immondes salauds ! Ils possédaient des voies stratégiques, maintenant ! Quelle présomption ! Tout leur était bon pour rehausser leur prestige. Mais le faire déménager, lui, pour une raison aussi folle ! Ça, c'était le comble ! Il était urgent de riposter à cette menace. Il n'allait pas se laisser expulser, il ne leur donnerait pas ce plaisir. Tout d'abord, il fallait agir sur ce malheureux policier avant qu'il ne rédigeât son rapport. Karim croyait l'avoir favorablement influencé ; mais on ne savait jamais. Il avait fini par accepter un cerf-volant, pourquoi n'accepterait-il pas autre chose ? Karim décida de soumettre toute l'affaire à Khaled Omar, le négociant. Lui seul, par les diverses accointances qu'il possédait dans tous les milieux, était en mesure de contacter le policier ou même ses supérieurs hiérarchiques. Khaled Omar pouvait s'offrir le luxe de corrompre toute une armée de fonctionnaires. Karim ramassa les matériaux de son travail et les rapporta dans la chambre ; puis il s'habilla en hâte. C'était l'heure d'aller rendre visite au négociant.

Quand il se trouva hors de la maison, il resta un moment songeur, à considérer la corniche avec une lueur malicieuse dans les yeux. Il réprimait une forte envie de pisser sur la voie stratégique.

III

Khaled Omar, individu illettré, avait débuté dans le négoce en un lieu où habituellement certains commerçants finissent leur carrière : dans la prison. Il y avait seulement quelques années, ce n'était qu'un va-nu-pieds, perpétuellement affamé, et dormant à même le trottoir ; il vivait de rapines et de mendicité. Mais l'insondable providence lui réservait un avenir glorieux. Pris en flagrant délit, au moment où il soutirait son portefeuille à un passant, il fut arrêté et condamné à dix-huit mois de retraite forcée. Cette malheureuse circonstance préluda à son ascension vers la fortune. C'est derrière les barreaux de la prison que sa vocation naquit et prit son essor. Débarrassé de la hantise de se nourrir, sans soucis pour son entretien, son esprit fruste, mais éveillé, enregistra une masse de choses qu'il n'avait jamais eu l'occasion d'apprécier. Il regarda autour de lui et fut émerveillé par certains phénomènes économiques qui s'imposaient à une société vivant en vase clos. Le trafic clandestin qui avait cours dans l'enceinte de la prison l'impressionna vivement. Mais il ne put d'abord y participer. Il n'avait rien à vendre et ne pouvait non plus rien acheter. Alors il acheta à crédit et vendit plus cher ce qu'il venait d'acquérir. Cette simple opération le stupéfia. C'était le premier gain de sa vie qu'il faisait sans le moindre effort. En peu de temps, il devint un spéculateur avisé. Il se découvrit un sens inné des lois de l'offre et de la demande. Au bout de six mois, il régnait sur toutes les transactions et réglait à sa guise la question des prix. Il fournissait aux détenus toutes sortes de victuailles, des cigarettes, de la drogue, et parfois même des femmes. Les geôliers, gens pratiques, subissaient son emprise sans rechigner ; ils y gagnaient mieux qu'avant. A vrai dire, il était parvenu à faire du trafic de la prison un véritable réseau de l'économie nationale.

A sa sortie, riche de quelque argent et, surtout, de son flair en matière commerciale, il s'était empressé de se vêtir d'un costume, de mettre des chaussures et de se coiffer d'une tarbouche. Puis, ayant loué un bureau, il s'était lancé dans diverses opérations légales — et d'autres qui ne l'étaient qu'à demi — avec une chance constante. A présent, il possédait plusieurs immeubles, de belles terres dans les provinces les plus fertiles, et continuait à faire des affaires en se fatiguant le moins possible. Toute son activité se bornait à des conversations téléphoniques avec des gens qu'il n'avait jamais vus. Malgré sa prospérité, il avait gardé sous des dehors cossus et une élégance tapageuse ses manières de rustre et son langage populaire. Il n'avait d'affection que pour les vagabonds, ne se plaisait qu'en compagnie de personnages excentriques, sans profession, et libres de leur temps. La facilité avec laquelle il avait gagné tout son argent lui avait ouvert les yeux sur l'imposture de ce monde. Il comprenait qu'une pareille chose n'était possible que parmi des fous et des voleurs.

Son bureau était à l'image de son esprit fruste. Situé dans une ruelle du quartier du port, il étonnait par l'absence de toute paperasse, livres de comptes, et autres fadaises de ce genre, destinées à embrouiller les affaires et à leur donner une apparence de sérieux. On n'y voyait qu'une table sur laquelle trônait un appareil téléphonique d'un modèle ancien, deux fauteuils en osier et, dans un coin, contre le mur, quelques caisses de bois recouvertes de poussière.

Quand, vers midi, Karim fit son apparition dans le bureau de Khaled Omar, celui-ci était en train de parler au téléphone. Il salua son visiteur de sa main libre et lui fit comprendre par une mimique que sa conversation était presque terminée. Karim s'assit dans l'un des fauteuils en osier et admira la technique que Khaled Omar avait adoptée dans ses affaires. Affalé dans son fauteuil tournant, le négociant écoutait son interlocuteur invisible, en ponctuant la conversation d'un hochement de tête ou d'un mot sec. Parfois, il poussait un soupir, comme pour faire sentir à l'autre qu'il lui sacrifiait un temps précieux. Pas une feuille de papier, pas un crayon ne traînaient sur la table. Tout s'inscrivait dans sa tête.

Khaled Omar reposa le récepteur, se renversa dans son fauteuil, puis éclata d'un rire tonitruant, qui semblait provenir du fond de ses entrailles. C'était un rire d'animal joyeux, un rire sans raison, essentiellement physique.

— Alors, mon jeune ami ! Comment va la santé ? Sais-tu ce que me demandait ce type au téléphone ?

— Non, dit Karim.

— Eh bien, il voudrait que je lui procure un tigre !

— Un tigre ? Sans doute veut-il le lâcher sur sa belle-mère. C'est une bonne blague !

— Pas du tout. C'est très sérieux.

— Tu ne vas pas me dire que tu as un tigre à lui vendre ?

— Pourquoi pas ? Je lui en trouverai un.

De sa main, aux doigts cerclés de bagues, il saisit le gros tuyau d'ambre du narguilé posé à terre près de lui, et le porta à ses lèvres. Il tira plusieurs bouffées, renvoyant par les narines un nuage de fumée dense. Il reprit :

— Vois-tu, mon jeune ami, il fut un temps où je cherchais un morceau de pain sans le trouver, j'avais l'impression que le pain n'avait jamais existé que dans mon imagination, et que les boulangers étaient des êtres mythiques. Et voilà que maintenant je sais où trouver un tigre. Je sais où il faut téléphoner pour qu'on m'apporte un tigre, en laisse ou en cage. N'est-ce pas prodigieux ?

De nouveau, il éclata de rire.
— Ce n'est pas croyable ! s'exclama Karim.
— C'est très simple, dit Omar. Il s'agit de pénétrer dans le circuit. Tout ce qu'un homme désire se trouve en quantité fabuleuse emmagasiné quelque part et bien gardé. As-tu jamais vu des tonnes de riz ? Moi non plus. Et pourtant j'en ai vendu des milliers de tonnes. C'est là le mystère du commerce. On ne voit rien ; tout se passe dans la coulisse. J'ai le sentiment de vendre du vent. C'est surtout ça qui m'amuse.
— Tu es un type sensationnel, Khaled, mon frère ! Je voudrais t'embrasser ! Quand je pense que j'aurais pu ne jamais te connaître !
Khaled Omar regarda son visiteur avec un plaisir visible. L'amitié qui l'unissait au jeune homme datait de son séjour en prison. Karim n'avait que vingt ans à l'époque ; il avait été arrêté comme élément politique dangereux et incarcéré avec les criminels de droit commun. Leurs premiers contacts furent assez pénibles. Quand le futur commerçant apprit de la bouche même de Karim que celui-ci était en prison pour des raisons politiques, il ne put s'empêcher de le prendre pour un pauvre idiot et de lui éclater de rire au nez. Khaled Omar, en homme simple et primitif, ne pouvait comprendre qu'on puisse perdre sa liberté pour un motif aussi oiseux qu'une cause politique. A ses yeux, c'était une belle stupidité ! Pour sa part, il n'avait pas à regretter son emprisonnement. Il avait risqué sa liberté, certes, mais c'était pour une chose tangible, en l'occurrence un portefeuille bourré de billets de banque. Aussi le sort de Karim lui paraissait risible. Ces prisonniers politiques, qui se conduisaient en martyrs, lui donnaient la nausée. Toutefois, il s'était pris d'une sympathie fraternelle pour ce jeune idéaliste et l'avait beaucoup aidé durant tout le temps de sa détention.
— Je t'offre quelque chose ? Un café, peut-être ?
— Oui, dit Karim. Je prendrai volontiers un café.
Khaled Omar se leva, contourna le bureau et alla ouvrir

la fenêtre. Une rumeur s'éleva de la ruelle où se tenait en permanence un marché de fruits et légumes. Les glapissements des vendeurs vantant la succulence de leur marchandise envahirent la pièce, la secouant comme un tremblement de terre. Dominant de sa grosse voix le tumulte du marché, le commerçant cria à l'adresse du cafetier installé de l'autre côté de la ruelle :

— Deux cafés, ho ! Achour !

— Deux cafés, répondit comme un écho la voix du cafetier.

Khaled Omar referma vite la fenêtre et revint s'asseoir derrière son bureau. Il semblait jubiler intérieurement, comme s'il venait de se rappeler une histoire drôle.

— Mes félicitations à propos de ton faux mendiant. Ça a été une véritable émeute ce matin, quand la police l'a découvert.

— Dis-moi : est-ce qu'on en parle beaucoup dans la ville ?

— Le bruit a d'abord couru qu'un gendarme avait tranché le cou à un vieux mendiant. Les gens étaient indignés. Mais ils ont fini par comprendre qu'il s'agissait d'une farce. Cependant la police semble perplexe ; elle a fait dire aux journaux de garder le silence sur cet incident. Elle s'imagine que ce sont quelques mendiants désireux de protester contre les ordres du gouverneur qui ont fait le coup.

— Laissons-les s'imaginer ce qu'ils veulent. Nous n'avons pas fini de rire. Écoute, je suis venu pour t'informer que j'ai pris pour toi un rendez-vous avec Heykal. Il sera ce soir, vers huit heures, à la terrasse du café *Le Globe*. Il m'a chargé de te faire savoir qu'il est très heureux de te connaître.

— Tu sais que je souhaite depuis longtemps cette rencontre, dit Khaled Omar d'une voix où perçait un imperceptible frémissement. Tout ce que tu m'as dit de lui m'inspire la plus grande sympathie. Je l'aime déjà comme un frère. Qu'il sache pouvoir compter sur moi pour tout ce qu'il voudra entreprendre. Mon humble fortune est à sa disposition.

— Je lui ai dit tout cela. Lui aussi éprouve pour toi des sentiments fraternels. Il te connaît déjà mieux que je ne te connais moi-même. Il m'a souvent parlé de toi comme d'un homme dont les qualités étaient chères à son cœur. Et tout ça sans t'avoir jamais vu. Il est sûr que tu ne le décevras pas.

— Quels sont ses desseins ? Il ne t'a rien dit ?

— Non, avoua Karim. Je présume qu'il veut t'en parler d'abord. Il a besoin de ton aide. Ce soir, sans doute, il te mettra au courant de ses projets.

— Est-ce que vous continuez toujours à envoyer des lettres de lecteurs aux journaux ? Ça c'était une idée diabolique ! J'en suis encore ahuri !

Les flagorneries des journaux à l'égard du gouverneur dépassaient tout ce qui avait été fait jusqu'à présent dans le domaine de la bassesse et de la servilité. Par la voix de la presse, toute la ville chantait les louanges de l'infâme. On n'entendait parler partout que de ses initiatives et de sa volonté de vaincre. Même sa qualité d'ancien général était mise en évidence, comme si la ville était un champ de bataille où le gouverneur livrait une guerre victorieuse. C'est cette situation que Heykal avait résolu d'exploiter. L'astuce consistait à suivre le mouvement et à surpasser dans leur sottise les plus acharnés des thuriféraires. Aussi faisait-il envoyer par des gens de son entourage des lettres aux journaux, si louangeuses pour les activités du gouverneur qu'aucun de ceux-ci n'avait hésité à les publier. Ils croyaient tous servir la gloire de leur maître.

— Plus maintenant, dit Karim. On commence en haut lieu à interdire aux journaux la publication de ces missives. Les dernières que nous avons envoyées n'ont pas été reproduites. Il semble que nous ayons dépassé la mesure. Tu te rappelles celle que j'ai écrite moi-même, et où je comparais le gouverneur à Alexandre le Grand ?

— Je m'en souviens très bien. Tu me l'as lue. C'était une fameuse lettre !

— Eh bien, cette lettre est encore considérée dans certains milieux comme un document unique. Le journal qui l'a publiée a augmenté ce jour-là son tirage de plusieurs centaines d'exemplaires. Crois-moi, elle passera à la postérité comme le plus bel exemple d'impudeur au service de l'autorité. Tous les laquais du gouvernement devraient s'en inspirer.

— C'est là que je regrette de ne savoir pas lire, dit Khaled Omar. Je m'en serais délecté à tout instant.

On frappa à la porte du bureau et un jeune garçon au pied bot, sale et hirsute, portant un plateau avec deux tasses de café, entra dans la pièce.

— Voici le café, Omar bey !

— Pose ça là, dit le négociant.

Le jeune garçon déchargea son plateau, jeta un regard espiègle aux deux hommes, puis s'en fut en boitillant.

— En vérité, dit Karim, en saisissant sa tasse de café, il m'arrive une sale histoire !

— Qu'est-ce que c'est ? Tu m'inquiètes !

— Oh ! ce n'est pas seulement une sale histoire. Il y a de quoi s'étrangler de rire également.

Il raconta à Khaled Omar la visite du policier asthmatique et la prétention de celui-ci à déclarer la corniche une voie stratégique.

Ce fut l'occasion pour Khaled Omar de faire entendre encore une fois son rire tonitruant.

— Les misérables ! dit-il, lorsqu'il se fut calmé. Ils sont étonnants, il n'y a pas à dire. Ou bien l'as-tu inventée, cette histoire ?

— Tu me fais bien de l'honneur ! Suis-je capable d'inventer une chose pareille ! Je dois t'avouer qu'il m'a fallu un effort inouï pour ne pas éclater de rire quand il m'a sorti cela. Au fond, c'est un brave homme ; le genre de policier trop humain pour réussir dans la carrière. Il doit végéter depuis des années dans la médiocrité ; il est assez vieux et pas très reluisant. Enfin, j'ai essayé de le corrompre.

— De quelle manière ?

— Je lui ai demandé s'il avait des enfants. Sur sa réponse affirmative, je lui ai offert un cerf-volant pour eux. Il n'a voulu accepter qu'un tout petit. Il l'a choisi lui-même, puis il est parti en me disant que je serai convoqué incessamment.

— Béni soit le jour où je t'ai connu, s'esclaffa Omar. Que puis-je faire pour te tirer de ce mauvais pas ?

— Eh bien, je pense que si tu pouvais le toucher et lui faire accepter quelques kilos de sucre, il ferait un rapport en ma faveur.

— Je le noierai dans le sucre, si ça doit t'arranger. Rien d'autre ?

— Non rien, je te remercie.

— C'est moi qui te remercie. Tu combles mon âme de joie en me présentant à ton ami Heykal. Je serai toujours ton débiteur quoi que je fasse.

Bien que Khaled Omar n'eût sans doute jamais éprouvé des sentiments d'amour, l'impatience qu'il ressentait de connaître Heykal ressemblait terriblement à celle d'un amant enfin sûr de rencontrer l'objet de sa flamme. Il attendait de cette entrevue une sorte de joie secrète et profonde, plus enivrante que la plus forte des extases charnelles. Un homme qui avait imaginé de combattre la bêtise et la violence par la louange démesurée du bourreau devait être quelqu'un d'extraordinaire ! Khaled Omar rêvait depuis longtemps de cet homme.

IV

Drapé dans une robe de chambre pourpre, Heykal quitta le divan et, pour la dixième fois au moins, s'approcha de la fenêtre. Bien qu'il fût au comble de l'énervement, il gardait un air impassible et employait pour se mouvoir une démarche altière, qu'on eût pu croire spécialement étudiée pour la fréquentation des palais royaux. Le regard froid et sans passion qu'il jeta dans la rue indiquait sa résolution de s'abandonner au fatalisme ; depuis un bon moment, il avait renoncé à l'espoir de voir apparaître Siri, son domestique. Celui-ci pouvait revenir demain ou bien dans une semaine ; nul n'aurait su le dire, et Heykal encore moins que quiconque. Au début de l'après-midi, il l'avait envoyé porter son unique costume présentable chez le repasseur du quartier, et, maintenant, à six heures du soir, il n'était pas encore de retour. La disparition de son domestique plongeait Heykal dans un affreux tourment ; il se voyait confiné dans son appartement avec interdiction d'en sortir. Tous ses autres vêtements étaient passablement élimés, et il était hors de question que Heykal consentît à se vêtir de frusques sans élégance. Une pareille exigence d'esthétique paraîtrait sans doute puérile, si elle n'était la manifestation d'un trait essentiel de son caractère. Car, si le jeune Karim essayait de jouer au grand seigneur avec des putains de rencontre, Heykal, lui, en était indubitablement un ; non par la fortune ou le rang social, mais parce qu'il était doué d'une nature véritablement aristocratique.

La façon admirable qu'il avait de s'habiller, de marcher, de parler n'était pas le résultat d'un entraînement laborieux ; il la possédait de naissance.

Il s'éloigna de la fenêtre sans que son visage trahît la moindre amertume ; la tête haute, comme s'il défiait le destin. Siri ne reviendrait pas de sitôt ; il s'était dissous dans le néant, et le costume de Heykal avec lui. Ce costume d'apparat, vieux déjà de quelques années, et qu'en ce moment Heykal imaginait livré aux aventures les plus salissantes, était l'objet constant de sa sollicitude. Quelles ruses de maniaque il déployait pour sa sauvegarde ! Le soin avec lequel il le protégeait contre le moindre grain de poussière accaparait une partie importante de ses loisirs.

C'était un complet rarissime, confectionné avec une étoffe de provenance étrangère, de couleur sombre et discrète, et coupé avec un art consommé par le plus habile tailleur du pays. Bien que Heykal le portât presque exclusivement, il conservait toujours sa forme primitive, prenant même une certaine beauté avec l'âge. A l'époque de son achat, il avait coûté une somme fabuleuse, mais il valait bien son prix, car il remplissait son rôle à la perfection. Ajouté à sa prestance naturelle, ce costume éblouissant donnait à Heykal un cachet d'authentique opulence ; il passait dans les milieux huppés de la ville pour un jeune homme appartenant au meilleur monde. Mais sans être riche, il n'était pas absolument dénué de ressources ; une maigre rente provenant d'un lopin de terre qu'il avait eu en héritage suffisait à le faire vivre modestement. Personne ne connaissait le montant de cette rente ; aussi, vu ses manières et l'assurance de son maintien, le prenait-on généralement pour un riche propriétaire foncier. A trente-deux ans, il n'avait encore jamais travaillé, se contentant de sa maigre rente, plutôt que de collaborer, ne fût-ce que d'une façon épisodique, avec ce ramassis de bandits sanguinaires qui peuplaient la planète. Cependant, Heykal n'était pas un oisif ; il était tout le temps occupé à dépister le côté burlesque des actions humaines. Ce monde bouffon lui plaisait. A vrai dire, il aurait été très malheureux de déceler la moindre parcelle de raison dans ce qu'il voyait ou entendait autour de lui. Parfois, en lisant dans le journal une nouvelle à peu près sensée, il devenait malade de dépit. Le spectacle permanent de la folie stupide des hommes faisait ses délices ; il était comme un enfant au cirque, et ne cessait de trouver la vie particulièrement réjouissante.

Il regarda le réveil-matin posé sur une commode. Déjà sept heures ! C'était la fin du délai qu'il avait accordé à son domestique ; maintenant il ne lui restait plus qu'à le vouer aux pires calamités. Mais, même dans l'intimité, la fureur de Heykal ne s'extériorisait jamais ; il continuait d'afficher un calme serein. Seul le sourire sarcastique qui ne quittait jamais ses lèvres prit une légère apparence de férocité. Il alluma une cigarette, se coucha sur le divan, se releva au bout d'un moment pour retourner à la fenêtre. Rien. Il commençait à s'habituer à cette routine. Il imagina Siri écrasé sous un tramway et ressentit une sorte de bonheur devant l'inéluctable. Le retard de son domestique ne l'empêchait pas seulement de sortir ; il allait compromettre son rendez-vous avec Khaled Omar, cet homme auquel des liens nouveaux et subtils devaient le rattacher désormais. Il lui était fort désagréable de rater ce premier rendez-vous avec le négociant. Depuis que Karim lui avait parlé de celui-ci, en lui relatant les circonstances exceptionnelles qui avaient présidé à leur amitié, Heykal désirait le connaître. Toutefois, il avait toujours retardé la possibilité de cette rencontre, voulant d'abord s'assurer de certains renseignements touchant à la psychologie du personnage. Peut-être aussi prévoyait-il qu'un jour il pourrait avoir recours à son aide, et attendait-il le moment propice pour faire sa connaissance. Quoi qu'il en soit, il était arrivé à la conclusion que Khaled Omar serait certainement un associé valeureux dans une entreprise de dérision conçue et dirigée par lui. D'après les confidences de Karim, il savait le négociant hostile à toute forme de conspiration ayant un but politique. Il haïssait les politiciens, et les considérait plus bas que des chiens ; non pas des chiens vivants, mais des chiens morts et puants. La conspiration à laquelle il le conviait ne pouvait donc que le séduire, étant donné qu'il n'était pas dans son intention de prendre d'assaut le pouvoir, ni de jeter une bombe à la tête du gouverneur.

Le gouverneur était une des faces de l'imposture universelle, la face la plus risible peut-être. Heykal le connaissait de vue, l'ayant souvent aperçu dans la salle des jeux du casino municipal, entouré de ses plus forcenés courtisans. Ceux-ci formaient une assemblée sinistre ; ils se mouvaient autour de lui comme des laquais et souriaient gravement des niaiseries qu'il débitait sur un ton d'oracle. Heykal était tellement subjugué par l'insolente bêtise de cet homme qu'il en arrivait à ressentir pour lui une indéniable passion. Cet être atteignait à un tel degré de stupidité tragique qu'on était obligé de le respecter. Il figurait magistralement, à lui seul, la sottise dirigeant le monde. Heykal s'effrayait parfois de l'intérêt, presque sadique, qu'il portait à cet homme ; il lui semblait qu'il avait été nommé gouverneur rien que pour sa satisfaction personnelle. Chaque jour lui apportait la preuve que le gouverneur, par ses initiatives et ses paroles publiques, ne songeait qu'à lui complaire en lui offrant de quoi aiguiser son sens de l'humour. Comme s'il s'était douté que quelqu'un dans la ville attendait de lui quelque acte insensé pour se réjouir. Il ne manquait jamais à sa vocation de pitre. Comment Heykal aurait-il pu ne pas aimer un pareil homme ? Le tuer eût été un blasphème. C'est ce que ne comprenaient pas ces révolutionnaires têtus qui le combattaient ouvertement, lui fournissant ainsi l'occasion de se prendre au sérieux. Pour Heykal, le crime des puissants était si patent qu'il n'y avait nulle urgence de le proclamer à haute voix dans la rue. Un enfant serait à même de s'en apercevoir tout seul.

Encore une fois il se dirigea vers la fenêtre, mais fut arrêté par un léger bruit venant du couloir. Sa colère contre son domestique tomba d'un seul coup ; il se sentait comme délivré. Quelques secondes passèrent, puis Siri parut portant à bout de bras le fameux costume suspendu à un cintre.

— Est-ce ainsi que je peux compter sur toi ?

Siri, le domestique, présenta à son maître un visage somnolent à l'expression fataliste et désabusée. Bien qu'il n'usât jamais de stupéfiants, il avait la mine d'un drogué perpétuellement en état de manque. Les yeux à demi fermés, il paraissait dormir, n'étant nullement gêné par sa position verticale. Les liens indissolubles qu'il avait contractés avec le sommeil depuis sa naissance le prédisposaient au calme et aux pensées magnanimes. Sans ouvrir les yeux, il dit d'une voix paisible :

— Prince, ce n'est pas ma faute. Les circonstances...

— Quelles circonstances, maudit ! J'ai un rendez-vous important. A cause de toi, je vais peut-être le rater.

— Je regrette, prince, dit Siri en ouvrant un œil terne. Mais les circonstances...

— Tais-toi ou je t'étrangle, dit Heykal. Allons, pose ce costume sur le divan.

Siri ne répondit rien, mais hocha faiblement la tête, exprimant par là qu'il n'avait pas mérité un tel accueil. Avec des précautions infinies et une lenteur somnambulique, il déposa son précieux fardeau sur le divan ; puis il alla s'accroupir dans un coin de la pièce et attendit patiemment que son maître daignât lui adresser la parole. Mais Heykal avait cessé de faire attention à lui. Debout devant la glace de l'armoire, il commençait à s'habiller, heureux de s'en être tiré à si bon compte. C'était toujours ainsi ; il lui était impossible d'en vouloir trop longtemps à son domestique. Sous des dehors de parfait abruti, Siri possédait des dons indiscutables. Heykal se déchargeait sur lui de toutes les questions matérielles. Il pouvait même rester plusieurs semaines sans lui donner de l'argent ; Siri continuait à entretenir le ménage comme si l'argent n'avait jamais existé. Il y avait toujours à manger aux heures des repas. Comment arrivait-il à se débrouiller, cela demeurait un mystère. Heykal le soupçonnait de chaparder des comestibles et autres denrées chez les commerçants du quartier ; il s'attendait d'un jour à l'autre à le voir finir en prison. De temps en temps, seulement, Siri prenait un air docte et parlait de l'argent comme d'une chose nécessaire et qui pouvait parfois servir. Il faisait cette déclaration comme s'il se fût agi d'une découverte philosophique banale, certes, mais qui avait son importance. Cette allusion discrète à ses difficultés financières ne tombait pas dans l'oreille d'un sourd. Heykal comprenait alors que son domestique était à bout d'expédients. Il lui proposait donc un peu d'argent, que Siri faisait mine de refuser, alléguant que cela ne pressait pas et qu'on n'était pas encore au bord de la ruine. Heykal insistait, allant même jusqu'à se fâcher, et finalement Siri acceptait la somme d'assez mauvaise grâce.

Voyant que son maître lui tournait le dos, et qu'il continuait de s'habiller sans faire appel à ses services, Siri ne se contenta pas seulement de hocher la tête, mais il se mit à marmonner entre ses dents. Il paraissait répondre à des accusations formulées contre lui par des personnages imaginaires et qui mettaient en doute sa loyauté. Heykal le laissa un bon moment exhaler ses doléances, puis finit par s'énerver.

— Qu'est-ce qu'il y a encore ?

— Prince ! ce n'est pas juste !

— Qu'est-ce qui n'est pas juste ? Il ne te suffit pas de m'avoir mis en retard pour mon rendez-vous ? Je dois encore écouter tes lamentations !

— Oui, prince, ce n'est pas juste. Je ne puis supporter que tu sois fâché contre moi. Je suis en retard, il est vrai, mais ce n'est pas ma faute. Je me devais de sauver l'honneur de notre maison !

— L'honneur de notre maison ! Que me racontes-tu là ? Ne peux-tu me laisser en paix ? Va dormir dans la cuisine.

— Je n'ai pas envie de dormir. Il faut d'abord que je te raconte toute l'histoire.

Heykal, tout en boutonnant sa chemise, se retourna pour observer son domestique. Il connaissait le genre d'histoires que racontait Siri ; c'étaient, la plupart du temps, des histoires fumeuses, aux longs cheminements, et d'une compréhension difficile. Cependant, si on avait la patience de les écouter, on était finalement récompensé, car elles comportaient toujours une issue savoureuse. En un autre moment, Heykal l'aurait écouté avec plaisir, mais à présent, il était pressé d'aller retrouver Khaled Omar. Aussi refusa-t-il de se laisser tenter.

— Je ne veux rien entendre, dit-il.

— Je t'en conjure, écoute-moi. Par Allah ! Je ne pouvais agir autrement. Tu n'aurais pas voulu, n'est-ce pas, que nous perdions la face devant des étrangers ?

— Je ne comprends rien à ce que tu dis. Pourquoi allions-nous perdre la face ?

Siri, maintenant qu'il était certain d'avoir excité la curiosité de son maître, prit sa pose de conteur populaire ; c'est-à-dire qu'il s'accroupit confortablement par terre, s'éclaircit la voix, puis promena sur son auditoire restreint un regard où se lisait une mystérieuse lassitude.

— Eh bien, prince, commença-t-il, comme tu le sais, la boutique de Safi, le repasseur, est le lieu de prédilection de plusieurs notables du quartier. Ils restent là assis toute la journée à philosopher, en fumant et en buvant du thé vert. Il faut te dire qu'ils me tiennent en haute estime. Ce sont des gens de belle réputation et ils savent que je sers dans ta maison.

Siri se tut et ferma complètement les yeux, comme s'il venait d'épuiser d'un coup la source de son inspiration.

— Et alors ? demanda Heykal.

— Prince, reprit Siri, cet après-midi, j'ai compris que la situation était grave.

— Quelle situation, fils de chien !

— Comprends-moi, prince ! Je ne pouvais pas leur laisser croire que nous n'avions qu'un seul costume. Chaque fois, ils voient bien que c'est le même. Ils commençaient à me regarder avec commisération et hochaient la tête d'un air de doute, quand je parlais de l'opulence qui régnait dans notre maison. Bref, notre réputation était en baisse. Aussi ai-je inventé une histoire pour parer à cette situation.

— Continue, dit Heykal avec une rage froide. A présent, je suis sûr que tu te drogues.

— Que Dieu m'en garde ! Ne te fâche pas, prince ! J'ai voulu dissiper toute équivoque au sujet de notre fortune, en leur racontant que tu tenais spécialement à porter ce costume — malgré l'armoire remplie de vêtements de toutes sortes — parce qu'il te rappelait une aventure amoureuse qui t'avait laissé le cœur meurtri. Je leur ai fait croire que c'est vêtu de ce costume-là qu'a eu lieu ta première rencontre avec une femme merveilleuse pour laquelle tu as éprouvé le plus grand amour de ta vie. Mais que, hélas, cette femme étant morte et ton bonheur évanoui, tu continuais à avoir une certaine affection pour ce costume, en souvenir d'elle. C'est tout, prince ! Tu avoueras qu'il n'y a là rien qui ne soit à ton honneur.

— Et il t'a fallu tout ce temps pour raconter ces idioties ?

— Ils ne voulaient pas me laisser partir, prince ! Ils voulaient connaître tous les détails de l'aventure. Par exemple, quel était le nom de la dame, comment elle était morte, et si vous étiez mariés. J'ai dû répondre à toutes leurs questions. A la fin, j'ai pu m'en aller en leur faisant la promesse de leur raconter d'autres détails la prochaine fois.

L'air plus endormi que jamais, Siri se leva, prit la brosse à habits et vint se tenir près de Heykal. Il croyait l'affaire réglée et attendait les félicitations de son maître.

— Alors, prince, tu n'es plus fâché ? demanda-t-il.

— Ça va, dit Heykal. Je te pardonne, bien que ce soit

l'histoire la plus stupide que j'aie jamais entendue. Dorénavant, laisse l'honneur de la maison tranquille. Tu as failli me faire rater un rendez-vous important.

— Comment pourrais-je me désintéresser de l'honneur de notre maison ! répondit Siri en ouvrant non plus un œil mais les deux en même temps. C'était chez lui le signe d'une forte violence interne. Je ne laisserai jamais personne t'insulter, prince !

— Passe-moi un mouchoir, dit Heykal comprenant que la discussion risquait de s'éterniser, car l'honneur était le sujet favori de son domestique.

Siri alla prendre dans la commode un mouchoir blanc immaculé, et le tendit à son maître. Celui-ci s'en empara, l'examina attentivement pour voir s'il ne portait aucune trace de poussière, puis le fourra dans la poche extérieure de sa veste. Il était complètement habillé maintenant. Il se regarda une dernière fois dans la glace et, se trouvant en tout point impeccable, s'apprêta à sortir.

Ce départ un peu brusqué n'était pas du goût de Siri. Il aurait voulu converser plus longuement avec son maître et lui faire part de quelques pensées profondes issues de son cerveau ensommeillé. Mais sentant qu'il ne pouvait obtenir satisfaction, parce que Heykal le boudait encore, il s'inclina devant la cruelle fatalité et demanda d'un ton sinistre :

— Quels sont tes ordres, prince ?

— Je n'ai besoin de rien, répondit Heykal. Je dîne dehors, tu peux aller te coucher.

Et il disparut dans le couloir, laissant Siri complètement ahuri.

V

L'allumeur de réverbères par son geste opulent de dispensateur de lumière donnait au crépuscule un air de fantaisie charmante. Il accomplissait sa besogne nocturne en sautillant d'un réverbère à l'autre, tel un funambule. Heykal le suivit un moment du regard avant de s'aventurer dans la rue. Il avait à peine fait quelques pas qu'il s'entendit héler par un homme qui semblait se cacher derrière le tronc d'un arbre. Un peu surpris, Heykal s'avança vers l'inconnu et le dévisagea un moment avant de le reconnaître. L'homme était une vieille connaissance. C'était son mendiant personnel depuis des années ; il avait l'habitude de l'attendre chaque jour devant sa porte. Heykal ne l'avait plus revu depuis que la police du gouverneur pourchassait ses collègues à travers la ville.

L'homme tremblait de tous ses membres ; ses yeux glaireux étaient hagards et ses guenilles paraissaient plus crasseuses que d'ordinaire. Il chuchota d'une voix aphone :

— Qu'Allah aide les croyants !

— Oui, dit Heykal, c'est une triste époque. Où as-tu été si longtemps ?

— Je me cachais, répondit l'homme toujours en chuchotant. Que veux-tu que je fasse ? Ils jettent en prison ceux qu'ils attrapent. Ce gouverneur est un être démoniaque.

— Je sais. Mais il ne durera pas toujours. Des temps meilleurs viendront.

— Que Dieu t'entende ! J'avais soif d'une parole d'espoir.

Il inspectait les alentours, semblant craindre à chaque instant de voir apparaître un gendarme.

— Cette ville va à sa ruine, reprit-il. Les pauvres sont obligés de se cacher. Comment allons-nous vivre ?

— Ne sois pas pessimiste, le consola Heykal. Allons, sors de là. Accompagne-moi un bout de chemin. Nous bavarderons en marchant.

L'homme parut grandement effrayé.

— Je ne peux pas, dit-il. Ils sont partout ; ils me guettent.

— Ne crains rien, dit Heykal, en le prenant par le bras. Tu es avec moi. Personne ne peut te reprocher de te promener avec un ami.

— Un ami ! s'exclama le mendiant. Pour ce mot-là tu peux me mener en enfer.

Il suivit Heykal, d'abord hésitant, puis marcha carrément à son côté. Sa peur semblait l'avoir abandonné. Néanmoins, il restait sournoisement sur ses gardes. Heykal souriait ; il était content de cette rencontre et cherchait un moyen de venir en aide au mendiant.

— Voici ce que je te propose, dit-il. Tu n'auras plus besoin de t'exposer en venant m'attendre dans la rue. Passe me voir chaque mois à mon domicile, et je te donnerai toute la somme en une seule fois. De cette façon, il n'y a aucun risque.

Heykal regarda le mendiant et vit que celui-ci était devenu plus triste. La proposition ne semblait guère le satisfaire.

— Qu'est-ce qui te tracasse ? demanda-t-il.

L'homme se taisait, la mine sombre. On eût dit que Heykal venait de l'offenser gravement.

— Je ne suis pas un fonctionnaire, finit-il par dire. Et notre amitié, qu'en fais-tu ? Il n'y a pas que l'argent. Il me plaît de bavarder avec toi. C'est surtout cela que je regrette.

— Je comprends, dit Heykal. Moi aussi, je le regrette. Néanmoins, fais ce que je t'ai dit. Il tira une pièce de monnaie de sa poche et la glissa dans la main du mendiant. Prends ça en attendant.

— Qu'Allah augmente ta prospérité ! dit l'homme. D'avoir vu ton visage m'a fait du bien ; l'espoir renaît dans mon cœur.

La nuit était tombée maintenant. Ils étaient arrivés aux abords d'une grande place brillamment éclairée, bordée de boutiques et de cafés aux terrasses remplies d'une clientèle bruyante. La proximité de cette civilisation policée rendit sa méfiance au mendiant ; il s'arrêta, terrifié, comme devant une jungle infestée de bêtes fauves prêtes à le dévorer, et déclara qu'il n'irait pas plus loin.

— Alors, c'est entendu, dit Heykal, tu viendras me voir ?

— Je viendrai, promit l'homme. Pour te voir encore une fois, je braverais la mort ! Qu'Allah te garde.

Heykal lui recommanda d'être prudent, puis il le quitta et traversa la place.

Le Globe était un café assez prétentieux, situé non loin de la corniche, dans une des rues les plus élégantes du quartier européen. Il était renommé pour sa terrasse devant laquelle se déroulait sans discontinuer la plus sensationnelle exhibition de jolies filles. La plupart des consommateurs — on pourrait dire presque tous — passaient leur temps à expertiser d'un œil concupiscent la variété des formes féminines défilant sur le trottoir à un rythme vertigineux. Les robes légères que portaient généralement ces divines créatures rendaient leur tâche aisée et captivante. Certains clients — et non des plus jeunes — restaient attablés une journée entière, dans l'espoir d'observer de près le galbe pur d'une belle jambe ou le mystère ondoyant d'une croupe anonyme. A vrai dire, l'intérêt que prenaient les filles à cette passionnante observation de leurs charmes n'était pas moindre ; on racontait que parmi elles, il se trouvait quelques vicieuses qui sortaient tout exprès sans culotte pour le malin plaisir d'exciter plus fortement les malheureux voyeurs. Aussi la terrasse du *Globe* ne désemplissait-elle jamais ; sauf aux heures caniculaires de l'après-midi, car ces demoiselles, selon l'usage, se livraient à la sieste. Quant à l'intérieur, il était presque toujours vide ; on y voyait parfois deux ou trois vieillards, en instance de départ pour l'au-delà, s'intéresser d'une manière abstraite à une partie de dominos dont le résultat risquait d'être posthume. De temps en temps, attirés malgré eux par les exclamations admiratives des clients de la terrasse, ils lançaient à travers la baie vitrée un regard éteint sur l'objet de tant de convoitise ; puis, défaillants d'émotion, ils retombaient dans leur jeu sénile.

Heykal aborda l'extrémité de la terrasse, l'allure dégagée et hautaine ; avec une incroyable aisance, il se faufila entre les tables, préservant des attouchements néfastes son magnifique costume fraîchement repassé. Il regardait droit devant lui et semblait ne prêter aucune attention aux gens attablés sur son passage. Il se demandait cependant si Khaled Omar était déjà là, et s'il allait le reconnaître. Cette épreuve décisive à laquelle il soumettait le négociant avait pour but de sonder la capacité d'intuition de son futur ami et complice. C'était une sorte de test ; comme si lui, Heykal, devait être reconnu d'emblée par tout homme doué de quelque intelligence. Il lui paraissait impossible que Khaled Omar — s'il était vraiment le personnage qu'il s'était plu à imaginer — ne s'aperçût pas de sa présence.

Quelqu'un se dressa devant lui comme pour lui barrer le chemin. Heykal abaissa son regard et vit Khaled Omar qui lui tendait sa grosse main chargée de bagues.

— Tu me combles d'honneur !

— Tout l'honneur est pour moi, répondit Heykal. Il prit la main du négociant et la garda serrée dans la sienne.

— Veuille t'asseoir, reprit Khaled Omar.

Heykal s'assit. Khaled Omar demeura quelques secondes debout, puis s'assit à son tour. Il ne cessait de regarder Heykal avec des yeux extasiés ; il donnait l'impression de quelqu'un se trouvant subitement en face d'une vision enchanteresse.

— Excuse-moi de t'avoir fait attendre, dit Heykal. Tu es là depuis longtemps ?

Khaled Omar parut sortir d'un rêve.

— Une dizaine de minutes, à peine ; mais ça n'a pas d'importance. Je suis si heureux de te voir. Je t'ai reconnu tout de suite.

Le garçon s'approcha d'eux. Un verre de whisky et une petite assiette remplie de loukoums se trouvaient déjà sur la table.

— Que désire mon bey ? demanda le garçon en s'adressant à Heykal.

Heykal commanda un whisky et le garçon s'en alla. Khaled Omar saisit l'assiette de loukoums et la présenta au jeune homme.

— En attendant, veuille te servir.

— Non merci, dit Heykal. Pas pour le moment.

— Alors excuse-moi d'en manger devant toi, dit Khaled Omar. J'aime les friandises, toutes sortes de friandises.

Il prit un loukoum et le porta à sa bouche ; puis il lécha l'extrémité de ses doigts poissés par le sucre.

Khaled Omar mangeait son loukoum, hochait la tête et dévisageait Heykal avec ravissement.

— Je t'ai reconnu tout de suite.

— Je dois avouer que cela m'a fait plaisir, répondit Heykal.

— Tu étais sûr que je te reconnaîtrais, n'est-ce pas ?

— Qu'est-ce qui te le fait croire ?

— Eh bien, il me semblait étrange que tu veuilles me rencontrer de cette manière, dit Khaled Omar. Je ne comprends pas pourquoi tu recherchais la difficulté. Notre ami Karim aurait pu facilement nous présenter l'un à l'autre. En tout cas, il ne m'a pas trompé en te décrivant. Cela ne veut pas dire qu'il m'a fait une description de ton physique ou de ton habillement. Non, il m'a seulement parlé de tes idées. Et cela m'a suffi pour te reconnaître.

— Mes idées se voient donc sur mon visage ? demanda Heykal.

— Je ne saurais te l'expliquer. Je t'ai vu tout à l'heure traverser la terrasse et je me suis dit : c'est lui. Tu avais l'air d'en savoir plus que tous les autres.

— Je sais seulement deux choses très simples, dit-il. Tout le reste est sans importance.

— Ce sont peut-être celles que je connais moi-même.

— Sans doute. C'est pourquoi je suis ici, et c'est pourquoi nous pouvons parler franchement.

— Alors dis-moi la première de ces choses. Je t'écoute.

Comme si ce qu'il allait entendre méritait une tenue irréprochable, Khaled Omar se hâta de resserrer le nœud de sa cravate et de lisser ses moustaches enduites de cosmétique. Il y avait dans son regard une lueur d'amusement et en même temps une certaine anxiété.

— La première, c'est que le monde où nous vivons est régi par la plus ignoble bande de gredins qui ait jamais souillé le sol de la planète.

— Je souscris pleinement à cette affirmation. Et la seconde ?

— La seconde, c'est qu'il ne faut surtout pas les prendre au sérieux ; car c'est ce qu'ils désirent.

— Tout à fait d'accord, dit Khaled Omar en éclatant de son rire bruyant et prolongé.

Ce rire fut contagieux, car plusieurs clients de la terrasse le reprirent à leur compte et l'amplifièrent au-delà de toute mesure. Khaled Omar se retourna à différentes reprises vers ses voisins, leur fit des clins d'œil complices, comme pour les remercier de prendre part à son hilarité et les encourager à poursuivre ce délire joyeux. Il finit par se calmer, mais les autres continuèrent encore à être secoués par le rire qu'il avait déclenché si inconsidérément. Heykal n'avait pas partagé la joie générale ; il demeurait assis sur sa chaise dans une attitude correcte et hautaine, observant avec une réelle satisfaction le comportement de son nouvel ami. Il était extrêmement charmé par ce petit homme jovial et bedonnant, à la moustache luisante de cosmétique, et qui exhalait un fort parfum de violette. C'était un cas peu banal : celui d'un homme que la fortune n'avait point corrompu. Il était resté par ses manières le même individu qui naguère circulait pieds nus et dormait à même le trottoir. Il semblait déguisé dans ses vêtements aux coloris extravagants. Toutes les richesses du monde n'auraient pu entamer cette joie rude, cette sympathie fruste qui se dégageait de chacun de ses gestes. Son rire paraissait comme un défi immense et moqueur lancé à la face des puissants.

— C'est l'évidence même, reprit Khaled Omar.

— Oui, dit Heykal. N'empêche que trop peu de gens ont saisi une telle évidence.

— Que nous importe ! Serais-tu de ces types qui veulent réformer le monde ?

— Que Dieu m'en préserve ! répondit Heykal. Je ne tiens pas à réformer quoi que ce soit. Il n'y a pas pires que ces réformateurs. Ce sont tous des ambitieux.

— Je le savais déjà, mais je suis bien aise de l'apprendre par ta bouche, dit Khaled Omar. J'ai eu le malheur de rencontrer en prison quelques-uns de ces types, et ils m'ont paru faits de la même pâte que mes geôliers. Avec leurs airs de justiciers, ils étaient plus infatués qu'une femme enceinte. Leur présence produisait sur la prison un effet lugubre.

— Ils sont surtout ennuyeux, dit Heykal presque avec haine. Leur but est de remplacer un gouvernement par un autre, soi-disant plus juste. La plupart d'entre eux ne rêvent que de devenir ministre. Devenir ministre ! Peux-tu imaginer une ambition plus sordide ! Je t'en prie, ne me parle pas de ces gens-là !

— Tu as raison. Alors, écoute. Je voudrais que tu saches bien ce qui m'amène vers toi. Notre ami Karim t'a sans doute raconté par quelle magie du destin je suis devenu un commerçant respectable et fortuné, après avoir été un gibier de potence. C'est une belle histoire, fort instructive, dont je te relaterai un jour tous les détails, car je suis sûr que tu apprécieras. Bref, j'ai gagné tout mon argent d'une manière si insensée, si absurde, que mes yeux se sont ouverts sur la folie du monde. Aussi, cet argent, je voudrais le mettre au service d'une cause qui ne fût ni sensée, ni juste. Je voudrais contribuer à la folie du monde. Tu me comprends ?

— Parfaitement, une cause qui ne soit ni sensée, ni juste. Tu ne pouvais mieux exprimer ma propre pensée.

— Inutile de te dire que je mets tout ce que je possède à ta disposition. Il allongea la main et la posa sur le bras de Heykal dans un geste fraternel. J'ai hâte de savoir. Quels sont tes projets ?

Heykal se tut ; non qu'il fût déconcerté par l'offre du négociant ; simplement il éprouvait un pincement au cœur chaque fois que lui était démontré son ascendant sur les êtres. Cet homme qu'il connaissait à peine lui offrait sa fortune. Quelle sorte de détermination le poussait, qui nécessitât une telle prodigalité ? Ce négociant illettré était assurément un étrange personnage. Qu'avait-il dit ? Contribuer à la folie du monde !

Heykal était presque effrayé par cette lucidité émanant d'un esprit aussi fruste. Est-ce qu'il venait de rencontrer son maître ? Mais alors, avait-il besoin de lui ? Quelles improbables jouissances attendait-il de cette cause insensée pour laquelle il était prêt à sacrifier sa fortune ? Sa fortune ! Heykal n'en demandait pas tant. Comme s'il fallait dépenser une fortune pour s'amuser ! On n'avait qu'à regarder autour de soi ; le spectacle était gratuit.

Khaled Omar retira sa main et dans ce geste les bagues miroitèrent un instant dans la lumière. Le garçon revenait vers eux.

— Buvons à notre mutuelle compréhension, dit Heykal en saisissant le verre que le garçon venait de déposer sur la table.

Khaled Omar souleva le sien et ils trinquèrent.

La rue s'animait avec les promeneurs du soir, avides de fraîcheur après une journée torride. On voyait passer des employés rigides et guindés, des pères de famille très dignes, suivis de leurs épouses et de leur marmaille ; parfois, aussi, un couple de jeunes mariés se tenant par la main avec une conviction grotesque. Mais aucun des consommateurs attablés à la terrasse du *Globe* ne faisait attention à cette morne procession. Ce n'était pas pour reluquer cette piètre humanité qu'ils restaient là ; tous attendaient avec une patience émue le passage d'une femelle aux formes luxuriantes, capable de les troubler charnellement. De temps en temps un bruit de ferraille, aigu et assourdissant comme une sirène d'alarme, signalait l'approche d'un tramway errant dans les parages. Des cochers de fiacres, habiles à fendre les plus inextricables embouteillages, invectivaient la foule indolente qui déambulait au milieu de la chaussée, insensible à tout, sauf à la brise secourable venant de la mer. Heykal essayait vainement de discerner dans cette populace le visage débonnaire et réjoui de quelque vagabond échappé aux griffes de la police. Il n'en apercevait aucun. Vraiment, les rues de cette ville devenaient étrangement sinistres, réduites aux seuls éléments actifs de la population : les tristes et les besogneux. On était partout entouré de fonctionnaires. Heykal ne put s'empêcher de songer à la réponse du mendiant quand il lui avait demandé de venir chez lui chaque mois pour recevoir la somme qu'il lui destinait. Ce refus de devenir un fonctionnaire, émis par un mendiant famélique, quelle insulte à la postérité ; cette postérité qui ne reconnaissait que ceux qui font carrière, en suivant la commune routine.

L'histoire universelle regorgeait de ces petits fonctionnaires, devenus illustres à force de travail et de persévérance dans le crime. C'était pénible en vérité de penser que la race humaine n'avait produit, en fait d'hommes glorieux, que de minables fonctionnaires, soucieux de leur avancement ; dans certains cas obligés de faire massacrer des milliers de leurs semblables, pour conserver leur poste et nourrir convenablement leur famille. Et c'était cette piteuse engeance qu'on osait offrir au respect et à l'admiration des foules !

Khaled Omar balaya l'air de sa main pour chasser une mouche qui s'était posée sur l'assiette de loukoums ; puis il fixa sur Heykal un regard chargé d'une inexprimable attente. Pourquoi son compagnon se taisait-il ? Pourquoi feignait-il de s'intéresser à l'animation de la rue ? Est-ce qu'il se méfiait de lui ? Khaled Omar avait longuement réfléchi à la façon dont se déroulerait cet entretien, et il s'était demandé si Heykal ferait appel à ses services dès cette première rencontre. Le mutisme de Heykal lui donnait l'impression que celui-ci hésitait à lui dévoiler ses projets. Ce manque de confiance le peinait. Ne venait-il pas de mettre tout ce qu'il possédait à sa disposition ? La froideur apparente du jeune homme, la distinction de ses manières, son sourire sarcastique et méprisant, tout cela n'était pas pour lui déplaire ; c'étaient là, lui semblait-il, les signes évidents d'un esprit aristocratique. Khaled Omar admirait Heykal sans aucune restriction. Tout ce qu'il réclamait de lui, c'était qu'il daignât accepter sa fortune et son dévouement.

— Je te remercie de ta générosité, dit Heykal. Il est certain que j'aurai besoin de ton aide. Mais cela ne coûtera pas une fortune. Il suffira de beaucoup moins.

— Quoi que ce soit, ordonne. Je suis à tes ordres.

Heykal croisa les jambes, laissa errer un instant encore son regard sur la foule des passants, puis se tourna vers Khaled Omar et dit :

— Eh bien, je crois que je n'ai pas besoin de t'apprendre

que l'homme qui règne en ce moment sur cette ville a dépassé les bornes de l'horreur et de la bêtise.

— Je le sais. Je sais aussi que toute la clique immonde des directeurs de journaux le soutient et ne cesse de chanter ses louanges.

— Cela n'est pas mauvais. Au contraire. Notre tâche n'en sera que plus facile.

— Pourquoi donc ?

— C'est bien simple, dit Heykal. Nous allons suivre le mouvement. Nous aussi nous allons chanter les louanges de cet odieux gouverneur. Nous allons même le dépasser dans sa propre bêtise.

— J'ai appris par Karim que les journaux avaient cessé de publier vos lettres de lecteurs enthousiastes. En tout cas, c'était une idée magnifique ! Permets-moi de te féliciter.

— Il ne s'agit plus de cela. Nous allons inaugurer une campagne de propagande subversive d'un genre original. Quelque chose qu'aucune police politique n'a encore jamais vu. Pour commencer, j'ai l'intention de faire imprimer des affiches avec un portrait du gouverneur et un texte glorifiant sa personne. Ce texte sera rédigé d'une manière si stupidement louangeuse que les plus naïfs seront obligés d'en rire. Avec l'aide de nos amis, nous collerons ces affiches sur tous les murs de la ville. Tu saisis la portée d'une telle propagande ?

— Certainement. Toute la ville croira que ces affiches ont été imprimées par les services du gouverneur pour soigner sa publicité.

— Qui pourra en douter ! A-t-on jamais vu des révolutionnaires combattre un gouvernement ou le défier en chantant ses louanges. Autre chose : le gouverneur lui-même s'imaginera que c'est là le fait de quelques-uns de ses partisans bien intentionnés. Il en sera flatté, c'est certain. Il est trop bête pour comprendre tout de suite de quoi il s'agit. Mais même dans le cas où il comprendrait, il lui serait difficile d'entreprendre quoi que ce soit contre nous. Nous pourrons continuer indéfiniment à le flagorner en toute quiétude. Il n'y aura pratiquement aucun risque. Jamais ils n'oseraient nous inculper pour avoir dit du bien du gouverneur. Je suis prêt, d'ailleurs, à dire de lui tout le bien possible, devant n'importe quel tribunal. Mais cela n'arrivera pas.

— Tes paroles comblent mes espérances ! dit Khaled Omar. Par Allah ! Je ne sais pas quoi dire.

— Ce n'est pas tout, reprit Heykal. Ces affiches ne sont qu'un commencement. J'ai d'autres moyens en réserve. Pour tout dire, nous allons rendre le gouverneur célèbre dans tout le pays. Il deviendra à tel point ridicule que le gouvernement sera dans l'obligation de le destituer.

Khaled Omar se trémoussait sur sa chaise, de plus en plus subjugué par la perversité diabolique de son compagnon. Cependant il lui semblait découvrir une faille dans le raisonnement de Heykal ; une faille d'une extrême importance. S'acharner à détruire un personnage aussi réjouissant que le gouverneur, n'était-ce pas aller à l'encontre de leur commun désir ? Cette pensée le rendit un moment silencieux.

— Dis-moi : tu tiens vraiment à le voir disparaître ?

— A vrai dire, non. Où trouvera-t-on un homme qui excelle aussi bien dans la bouffonnerie ? Malheureusement nous serons forcés d'en arriver là ! Nous n'avons pas le choix.

— J'ai l'impression, dit Khaled Omar, que je vais enfin m'amuser pour de bon.

Une jeune femme à l'allure de déesse, les seins ballottant dans son corsage comme deux navires en haute mer, cinglait dans la direction de la terrasse. Elle passa — fugitive vision de stupre — emportant dans le sillage de sa croupe des passions sans nombre. Les clients d'une table voisine se mirent aussitôt à parler de la belle en vrais connaisseurs ; ils parlaient de sa croupe comme s'ils venaient de découvrir la vérité fondamentale de notre univers. Ils débattirent la question en termes vigoureux et imagés, s'invectivant sans retenue lorsqu'ils n'étaient pas d'accord, poussant leurs critiques jusqu'aux plus intimes détails du corps de l'inconnue.

— Les femmes, dit Heykal. Est-ce qu'elles ne t'amusent pas suffisamment ?

— J'aime les femmes, répondit Khaled Omar. Mais ça n'a rien de comparable aux jouissances que tu proposes à ma délectation.

— Tu es marié ?

— Bien entendu. Ne suis-je pas un commerçant respectable ! Mais il faut que je t'explique. Ce n'est pas toujours le même modèle. Je ne suis pas un de ces riches imbéciles qui changent chaque année leur voiture et gardent toujours la même femme. Moi, je change de femme chaque année et je n'ai même pas de voiture.

— J'en suis heureux pour toi, dit Heykal.

— Parfois je m'en débarrasse au bout d'un temps moins long. Les femmes vieillissent plus vite que les voitures, crois-moi.

Il reprit après un instant :

— Revenons à notre affaire. Qu'exiges-tu de moi ?

— Ce que je vais te demander, dit Heykal, ne doit pas être très difficile à trouver pour un homme de ressources comme toi. Voilà. Il me faut d'abord une presse à imprimer, ensuite un endroit discret pour nous livrer à notre travail. Peux-tu me procurer ça ?

— Tout ce que tu voudras. Tu auras la machine à imprimer dans deux ou trois jours au plus tard. Ne puis-je rien faire d'autre ?

— Pour le moment, cela suffira. Je te remercie. Je me charge du reste.

— Je présume que tu rédigeras toi-même le texte de l'affiche.

— Non, pas moi. Je vais en charger un de mes amis. C'est un maître d'école, nommé Urfy. Tu le connais peut-être.

— Je le connais très bien. Je suis l'un de ses élèves. C'est chez lui que je vais apprendre à lire.

— Tu vas à l'école d'Urfy ! s'exclama Heykal avec une admiration non feinte. Ma parole ! tu es un type formidable ! Pourquoi veux-tu apprendre à lire ?

Le négociant en avait assez de voir Karim ou l'un quelconque de ses amis lettrés se marrer continuellement en lisant les articles de journaux. Cela le démoralisait un peu de se sentir en dehors du coup. Il lui fallait les supplier de lui lire les passages du journal qui les rendaient si joyeux. Mis au courant des faits, il pouvait rire à son tour — et même plus fort que les autres — mais cette gaieté à retardement n'était pas exempte d'une certaine amertume. Aussi, pour échapper à une telle sujétion, il avait décidé d'apprendre à lire ; il voulait être informé sans intermédiaire sur les turpitudes hautement réjouissantes des tyrans au pouvoir.

— J'aimerais tellement me délecter de leurs mensonges. C'est un plaisir qu'il me tarde de connaître. Malheureusement, je ne fais pas beaucoup de progrès. Je suis un très mauvais élève.

— Tu y vas régulièrement ?

— Oh ! non. De temps en temps seulement. J'ai beaucoup d'affection pour Urfy. Est-ce que tu sais que sa mère est devenue folle ?

— Oui, je suis au courant, dit Heykal. Depuis quelques mois elle est tombée dans un état de prostration, une sorte de folie paisible. Ce n'est pas très grave.

— N'empêche qu'elle est une lourde charge pour lui. Il ne peut la soigner et en même temps s'occuper de ses élèves. Avant d'être ainsi, elle l'aidait dans sa profession ; c'est une femme instruite. Crois-moi, notre ami se trouve dans une situation tragique, bien qu'il ne veuille pas l'admettre. Je lui ai proposé plusieurs fois de l'envoyer à mes frais dans une clinique spécialisée dans le traitement de ce genre de folie, mais il refuse obstinément. Je n'ose insister davantage de crainte de le blesser dans ses sentiments. C'est une chose si délicate. Ne pourrais-tu pas lui en parler ? Je désire de tout mon cœur lui venir en aide. Je suis sûr qu'il t'écoutera.

Heykal était devenu pensif. Il connaissait Urfy depuis longtemps et n'ignorait pas tout l'amour et la tendresse que le maître d'école portait à sa mère. Même folle, il voudrait la garder près de lui.

— Je connais très bien Urfy. C'est un homme éminemment intelligent. Il prétend que sa mère n'est pas folle, et que, d'ailleurs, dans le monde où nous vivons, traiter quelqu'un de fou est une absurdité. Je pense qu'il a parfaitement raison.

— J'ai entendu dire qu'il lui arrive encore de faire la leçon aux élèves pendant l'absence d'Urfy. Les enfants, paraît-il, ne se rendent compte de rien. Ils la croient simplement malade.

— C'est très possible, dit Heykal. Personnellement, j'aurais aimé assister à ce spectacle.

Khaled Omar parut sidéré par cette marque de cynisme.

— Je vois que tu es un homme qui va jusqu'au bout de ses idées. J'aime cela.

— Pourquoi ferais-je une différence entre la folie de mes amis et celle des autres ?

— Je comprends, dit Khaled Omar, en éclatant de rire.

Mais cette fois son rire n'eut aucun écho parmi les clients des tables voisines. Pour une mystérieuse raison, tous les consommateurs semblaient plongés dans le deuil. Depuis un quart d'heure environ, aucune jeune femme n'était passée devant la terrasse.

VI

Le silence qui régnait dans la salle de classe était troublé par un petit bruit spécifique qu'Urfy pouvait reconnaître sans lever les yeux : l'un des garçons, assis au dernier banc, grignotait des pépins de pastèque grillés. Depuis un moment, il hésitait à intervenir par crainte d'éveiller l'attention des autres élèves — assagis par la chaleur mortelle de l'après-midi — toujours prompts à s'exciter sur le moindre événement. La gloutonnerie bruyante de ce jeune éhonté l'empêchait de se concentrer et nuisait à son inspiration. Il était en train de rédiger le texte de l'affiche vantant les mérites du gouverneur, que Heykal projetait d'apposer sur les murs de la ville. Sous son air doux et tranquille, il jubilait intérieurement en composant l'apologie de cet important personnage. Ce chef-d'œuvre, à mesure qu'il l'écrivait, prenait l'allure d'un discours nécrologique destiné à être lu sur la tombe d'un héros illustre. Urfy était si pénétré de sa fonction de panégyriste qu'il arrivait presque à croire à toutes les ineptes louanges qu'il prodiguait au gouverneur. Dans la générosité de son cœur, il gratifiait celui-ci de toutes les qualités et vertus imaginables, employant les mêmes termes dont usaient habituellement les journaux lorsqu'il s'agissait de glorifier des criminels notoires, ayant une ou plusieurs guerres sur la conscience.

De nouveau le bruit irritant parvint à son oreille ; il s'arrêta au milieu d'une phrase, releva la tête et sembla décidé à mettre fin à cette indiscipline attentatoire au repos sacré de la sieste. D'un coup d'œil il repéra le coupable. C'était le redoutable Zarta, un gosse d'une dizaine d'années, immensément futé, et l'un des plus ingénieux menteurs de ce siècle. A tel point qu'Urfy se demandait parfois s'il n'avait pas dans sa classe un ministre du gouvernement au pouvoir. Déchaîner la puissance mensongère de cet enfant serait une erreur fatale. Urfy savait que toute la classe n'attendait qu'un signe pour se réveiller de sa torpeur. Il se résigna donc à subir avec patience l'inqualifiable conduite de son élève. De son pupitre dressé sur une estrade, il dominait la classe où une vingtaine de garçons et de filles — de six à dix ans — étaient conviés à copier sur leurs cahiers quelques noms d'objets usuels inscrits au tableau noir. Cet exercice étant facultatif, la plupart d'entre eux s'étaient assoupis sur leurs bancs, ne se sentant pas de goût pour acquérir du savoir par cette chaleur étouffante. Abattus, rendus amorphes, ils laissaient les mouches leur dévorer impunément le visage. La salle de classe faisait partie du logement situé dans le sous-sol d'une vieille maison qu'Urfy occupait avec sa mère. Cette pièce, assez grande, prenait jour par des soupiraux percés au ras du trottoir et donnant sur une ruelle commerçante. D'habitude, le passage d'une foule de chalands dont on ne voyait que les jambes aiguisait l'agressivité des gamins qui, armés d'une fronde, s'amusaient à les prendre pour cible. Mais à cette heure la ruelle était vide ; aucun être humain n'aurait osé s'aventurer dans cette fournaise, ni même y jeter un regard.

Urfy sortit un mouchoir de sa poche et épongea son crâne à moitié dénudé par une calvitie précoce. Cette calvitie était l'un des emblèmes de sa dignité professorale ; il ne manquait jamais d'en prendre soin et de l'astiquer comme s'il s'agissait d'un meuble de prix dans une demeure de pauvre. On croyait encore dans le quartier que la perte prématurée des cheveux était l'apanage de la sagesse et du savoir, et Urfy entretenait cette illusion en portant souvent la main à son crâne lorsqu'il était en présence de parents sceptiques qui avaient l'audace de le traiter comme un jeune éphèbe sans avenir. Mais là ne s'arrêtaient pas les marques extérieures de son génie intellectuel. Urfy était aussi très myope. Il portait des lunettes à monture d'acier munies de verres d'une grosseur respectable à travers lesquelles son regard laissait filtrer une sévérité de bon aloi. Un maître d'école chauve et affligé de myopie, c'était plus qu'il n'en fallait pour forcer la confiance d'une population illettrée, imbue de cet axiome suivant lequel un aveugle ne peut faire du mal.

En comparaison du dehors la salle de classe était une oasis de fraîcheur. Urfy aimait cette quiétude de l'après-midi quand les enfants, écrasés par la chaleur, somnolaient, mettant une sourdine à leur turbulence. Il pouvait alors se livrer au plaisir de la réflexion. Après des années passées dans les bureaux poussiéreux d'un quelconque ministère, il avait fini par trouver le métier qui convenait le mieux à sa nature. Sa bonté, la douceur de son caractère l'avaient toujours porté à préférer la compagnie des enfants à celle des adultes. Au fond, les adultes lui faisaient peur : en chacun d'eux il voyait un assassin en puissance. Urfy avait besoin d'aimer sans arrière-pensée, sans détours, sans chicanes, et surtout pouvoir pardonner. Mais comment pardonner à un adulte ? Trop d'égoïsmes, de bêtises, de brutalités, d'ambitions déçues et aigries le séparaient de ses contemporains. L'ambition ! Ils étaient tous tenaillés par l'ambition. Arriver ! Arriver à quoi ? Et quand ils étaient enfin arrivés — au faîte de la gloire ou de l'argent — cela faisait d'eux d'épaisses brutes sanglantes, des monstres répugnants d'arrogance, incapables de ressentir la moindre parcelle d'un sentiment humain. Ce qu'Urfy admirait chez les enfants, c'était surtout ce manque total d'ambition. Ils vivaient contents de leur sort quotidien, n'ambitionnant que la simple joie d'être vivants. Mais pour combien de temps encore ? C'était vite passé l'enfance et la merveilleuse futilité de la jeunesse. Cette vérité indéniable emplissait Urfy d'amertume. Ces enfants deviendront plus tard des hommes. Ils suivront la meute des loups, ils sortiront de son amour intransigeant de pureté, pour se perdre dans la foule anonyme des assassins.

L'idée d'ouvrir une école privée lui vint un jour en réaction contre l'instruction officielle qui inculquait déjà aux enfants l'ignominie, les ruses et les bassesses d'une société pourrissante. Un tel système d'éducation était un outrage aux rêves puérils et charmants dévolus à l'enfance. Urfy estimait depuis longtemps que s'il avait quelque chose à dire, il le dirait à des enfants ; les adultes n'avaient pas besoin de lui. Aussi ne tarda-t-il pas à mettre son projet à exécution. Avec l'assentiment de sa mère qui, par ailleurs, devait l'aider dans sa tâche, il débarrassa une pièce de leur minable logement en sous-sol, la meubla de quelques bancs et d'un tableau noir, puis, pour donner un certain sérieux à l'affaire, il commanda à un peintre des environs une enseigne majestueuse et l'accrocha au-dessus de la porte de l'immeuble. Plusieurs familles du quartier, alléchées par la proximité de cet antre de la science et, surtout, par le prix modique qu'on exigeait d'eux, y envoyèrent leurs enfants avant que la peinture de l'enseigne ne fût entièrement sèche. Il advint alors quelque chose d'extraordinaire. Contrairement à la légende, les enfants se montrèrent ravis de leur maître, et ils auraient tué père et mère pour aller s'asseoir sur les bancs de cette étrange école. Cela étonna fort leurs parents — braves gens ignares — qui n'avaient jamais soupçonné chez leur progéniture une telle ardeur pour l'instruction. Ils ignoraient, ces malheureux, que leurs enfants vivaient là dans une ambiance anarchique parfaitement à leur goût, et qu'Urfy lui-même, malgré sa calvitie et ses grosses lunettes à monture d'acier, était un dangereux farceur. Il parlait aux gamins confiés à sa charge un langage en contradiction absolue avec celui des adultes ; il leur inculquait un seul principe : à savoir que tout ce que disaient les grandes personnes était faux et sans importance aucune. C'est ainsi que dans la classe d'Urfy se formait une génération d'esprits caustiques devant laquelle aucune autorité ne trouvait grâce. Urfy lui-même se sentait parfois suffoqué d'entendre des paradoxes incroyables dans la bouche d'écoliers à peine sortis de l'enfance.

Le petit Zarta étalait maintenant sans vergogne ses manières grossières, en crachant sur le sol de la classe l'écorce des pépins qu'il avait fini de mâcher. Cette dernière turpitude révolta Urfy, car c'était lui qui faisait le ménage. Il était temps d'intervenir ; il lança d'une voix douce mais ferme :

— Hé, petit ! Va grignoter tes pépins dans la rue.

Zarta avala le pépin qu'il venait d'écraser entre ses dents et fit mine de suivre les évolutions d'une mouche qui volait à hauteur du plafond. Urfy prit la règle qui traînait sur son pupitre et la pointa en direction de l'enfant.

— Hé, Zarta ! C'est à toi que je m'adresse.

Se voyant débusqué, Zarta prit un air pleurnichard qui s'alliait mal avec son allure de cochon bien nourri. C'était un mangeur frénétique. A force d'avaler tout ce qui lui tombait sous la main, il avait acquis une robuste corpulence pour son âge. Il se leva pour répondre.

— Dans la rue, maître ! Par cette chaleur ! Ma parole tu veux ma mort !

— Je m'en fous. Allez, décampe !

— Mais j'avais faim, maître ! Je n'ai pas mangé depuis trois jours.

— Qu'Allah te garde, dit Urfy en hochant la tête. Que deviendrons-nous sans tes mensonges ! Malheureusement, tu vas bientôt nous quitter ; te voilà déjà un homme.

Cette insinuation de son maître parut à Zarta d'une perfidie sans égale. Se trémoussant, les mains plaquées sur son ventre, comme s'il tentait d'apaiser la faim qui le dévorait, il dit d'une voix sanglotante :

— Pourquoi salir ma réputation, maître ? Qu'ai-je fait pour mériter ce sort ?

Les rares écoliers qui copiaient sur leurs cahiers les mots inscrits au tableau noir cessèrent leur besogne intrépide ; quant aux autres, ils se réveillèrent en bâillant et se mirent à observer leur camarade. Celui-ci, flatté d'être la cible du maître, maugréait pour la forme et continuait d'afficher une expression de famine.

— Je vais te dire pourquoi tu dois nous quitter, expliqua Urfy avec calme. D'abord parce que tu deviens de plus en plus gros, ensuite parce que tu mens comme un homme ayant déjà une riche situation. Cela nous gêne d'avoir quelqu'un de ta condition parmi nous. Tes mensonges ne peuvent rien te rapporter ici. Il est temps que tu en fasses profiter le monde. Et maintenant cesse de grignoter ces pépins. Tu n'as qu'à dormir comme tes camarades.

— Je n'ai pas sommeil, gémit Zarta que la perspective de quitter l'école avait fortement impressionné. Mais je promets de ne plus grignoter de pépins. Tu viens de me couper l'appétit, maître !

— Espérons pour toujours, dit Urfy.

Quelques élèves commencèrent par reprocher à Zarta de les avoir réveillés pour des vétilles, puis lui réclamèrent avec acharnement de partager ses pépins. L'affaire devenait mauvaise. Urfy mit un terme à ce début d'algarade en prononçant la formule magique qu'il employait dans ces cas-là :

— Si vous ne restez pas tranquilles, je vous chasse tous et je ferme l'école !

Comme une sentence de mort, la menace produisit son effet. Instantanément, la classe retomba dans le silence et Urfy put se consacrer à la rédaction de son texte. Il l'avait terminé, mais prenait plaisir à le fignoler, enjolivant certaines phrases par l'apport de vocables et d'adjectifs outranciers. Imprimé et affiché sur les murs de la ville, c'était pire qu'un appel au meurtre. Urfy était pénétré par la subtilité de la manœuvre que le cerveau de Heykal avait conçue : mettre au service de la révolution l'arme terrible de la dérision. Pour Urfy aussi la dérision était partout souveraine. Cependant, depuis quelques mois, il y avait dans son cœur une plaie saignante qui obnubilait sa lucidité coutumière. Il subissait un supplice que nulle dérision ne pouvait alléger : sa mère, devenue folle, était réduite à une sorte de caricature humaine. Et sa piété filiale lui interdisait de reconnaître comme dérisoire cet être effrayant qui avait été une femme et une mère pleine de douceur et d'abnégation. Pourquoi se leurrer ? Devant ce corps décharné, ce visage pathétique qui semblait de jour en jour s'enfoncer davantage dans la nuit, il ne se sentait pas la force ni le droit de rire. Oui, à certains moments, il abdiquait ; il renonçait à son privilège d'esprit clairvoyant, retombait dans les affres du chaos instauré de toute éternité pour le perdre. Bientôt la souffrance l'habiterait tout entier. Il perdrait peu à peu son sens de l'humour, deviendrait la proie du pessimisme et du malheur ; un homme vraiment pauvre, inapte à éduquer cette enfance qu'il aimait tant. Il avait le sentiment de trahir non seulement sa propre raison, mais surtout Heykal et sa joyeuse bande. Car, bien qu'il observât sur ce sujet le plus complet mutisme, Heykal n'était certainement pas dupe. Rien n'échappait à la douce autorité de son regard qui semblait vous dénuder, vous dépouiller de tous les accessoires inutiles de votre âme, comme pour mieux vous envelopper de son amour orgueilleux. Il n'y avait pas de doute : Heykal aurait voulu le voir se moquer de la folie de sa mère. Avec la patience d'un démon, il attendait de lui cette suprême preuve, comme s'il en supputait un honneur prodigieux, une sorte de jouissance supérieure. Pourquoi s'affliger, avait-il l'air de dire. La folie ne mène-t-elle pas le monde ? A chacune de leur rencontre, Urfy éprouvait la gêne du traître qui se sait découvert et épié. C'était une situation ridicule et infâmante, où Heykal avait beau jeu de se montrer prévenant et fraternel, tandis que lui, Urfy, sombrait dans la plus cruelle confusion.

Des pas résonnèrent dans le couloir et Urfy leva les yeux vers le fond de la classe. Pendant quelques secondes, il demeura figé dans une attente anxieuse. Il appréhendait de voir sa mère. A sa place, il vit apparaître Karim et il sourit, soulagé. Le jeune homme répondit à son sourire par des mimiques signifiant qu'il n'avait pas à se déranger et qu'il attendrait pour lui parler la fin de la classe. Puis, discrètement, sur la pointe des pieds, il se dirigea vers un banc et s'assit à côté d'une petite fille aux cheveux teints en rouge brique, vêtue d'une robe de couleur orange, qui lui donnait l'apparence d'un fruit exotique. Elle était très belle et Karim avait l'habitude de lui faire la cour.

La fillette gardait les yeux baissés et faisait semblant d'ignorer sa présence. Karim lui caressa les cheveux, se pencha et lui murmura à l'oreille sur un ton passionné :

— Alors, mon âme ! On s'instruit ?

La fillette ne répondit pas. Elle fit la moue et détourna la tête comme si elle était importunée par une mouche.

— Qu'est-ce qu'il y a ? reprit Karim. C'est une rupture ou quoi ? Réponds, ô mon âme !

Sans se retourner, la fillette dit, d'une voix basse et chantante :

— Où sont les cadeaux que tu me promets depuis si longtemps, espèce de charlatan ?

— Voilà les femmes ! se lamenta Karim avec une indignation feinte. Elles sont toutes intéressées ! Je croyais que tu m'aimais pour moi-même. Ah ! Je suis bien malheureux !

Il s'accouda au pupitre, porta la main à son front et poussa de profonds soupirs, tout en surveillant la fillette du coin de l'œil. Il attendait la suite. Cela ne tarda pas.

Il sentit la fillette bouger, puis lui toucher le bras.

— Mais je t'aime, dit-elle dans un souffle.

Karim exulta intérieurement. Cette comédie amoureuse avait le don de le mettre en joie. Qu'elles aient sept ans ou soixante-dix, les femmes étaient sensibles aux mêmes simagrées. L'âge ne comptait pas ; on les séduisait toujours de la même façon. Il tapota légèrement les cheveux de la fillette dans un geste tendre de réconciliation, puis promena son regard sur la classe. Il lui paraissait merveilleux d'être de nouveau assis sur un banc d'école et il eut soudain envie de se comporter comme un écolier. S'emparant du cahier de la fillette, il se mit à transcrire en calligraphe méticuleux un proverbe populaire sur l'ingratitude humaine : « C'est nous qui leur avons appris à mendier et voilà qu'ils nous devancent aux portes de nos bienfaiteurs. » Karim transcrivit la phrase plusieurs fois avec une application d'écolier vaniteux. Il avait oublié son âge, l'insanité de sa présence en ce lieu, et ne songeait qu'à se distinguer. La fillette l'observait, médusée ; elle n'en revenait pas de voir un élève aussi studieux.

Il restait encore un quart d'heure avant la fin de la classe, mais Urfy écourta la séance.

— Allez, les enfants, déguerpissez !

— Mais ce n'est pas encore l'heure, maître ! protestèrent quelques élèves réveillés en sursaut.

— Pas de protestations, intervint Urfy. Je vous ai assez vus pour aujourd'hui.

La mort dans l'âme et en traînaillant le plus possible, les enfants finirent par ramasser leurs affaires et quittèrent la classe. Cependant ils n'allèrent pas bien loin ; ils se dispersèrent dans la ruelle à la recherche de coins ombreux, restant à bonne distance de l'école. Quand le dernier élève fut parti, Urfy descendit de son estrade et s'empressa de rejoindre Karim, lequel n'avait pas bougé de sa place.

— Je ne t'attendais pas si tôt, dit-il comme pour s'excuser.

— Je n'avais rien à faire, avoua Karim. Et puis, j'avais hâte de lire ton texte. Tu l'as terminé, j'espère ?

— Tout juste, répondit Urfy. De la poche intérieure de sa veste, il sortit une feuille de papier pliée et la tendit à Karim : Tiens, lis.

— Tu es content ?

— C'est à Son Excellence le gouverneur qu'il faudra le demander. Je ne suis que son humble biographe.

Voulant jouir pleinement des délices qu'allait lui procurer cette lecture, Karim commença par s'assurer une pose confortable. Puis il déplia la feuille, et ce qu'il y lut le rendit presque dément. On eût dit qu'une tempête s'était déchaînée en lui, le secouant d'un rire fou, inextinguible. Urfy ne s'attendait pas à un pareil succès ; il en était passablement fier, mais un peu abasourdi tout de même. Quelques enfants, intrigués par cette hilarité tapageuse, se détachèrent de l'ombre propice des maisons et vinrent les lorgner par les soupiraux du sous-sol. A la vue de cette canaille imberbe, toute prête aux sarcasmes, Karim se calma subitement. Il essuya les larmes de joie qui maculaient ses joues et fit face au maître d'école.

— C'est d'un grotesque sublime ! dit-il en maîtrisant sa jubilation. Avec le portrait en plus, ça fera une affiche sensationnelle !

— Ça te plaît vraiment ? demanda Urfy.

— C'est tout simplement monstrueux. Je voudrais le voir déjà imprimé !

— Cela est ton domaine. Mais dis-moi : comment se fait-il que tu t'y connaisses en imprimerie ?

— Un pur hasard. Vois-tu, il m'est arrivé de travailler pendant quelques mois comme typographe dans une imprimerie. C'était à l'époque où je voulais me mêler au peuple. J'ai fait ainsi divers métiers.

Urfy se hissa sur un banc et détendit ses jambes engourdies par une inaction prolongée. Son regard se fixa sur ses chaussures éculées et il constata une chose étrange : l'une des chaussures était plus éculée que l'autre. Pendant un bref instant son esprit fut accaparé par le mystère de cette disparité, puis il revint à lui et, dans un geste fraternel, il posa sa main sur l'épaule du jeune homme.

— Tu étais très jeune, dit-il, et tu voulais défendre la cause du peuple, n'est-ce pas ? Et cela t'a mené en prison.

Ce n'était pas une question, mais une simple évidence. Il était avéré que quiconque défendait la cause du peuple finissait en prison.

— Naturellement, répondit Karim. Mais je ne le regrette

pas, parce qu'en fin de compte, c'est en prison que j'ai été vraiment mêlé au peuple. Tu comprends, dans une usine, on trime comme des bêtes, on n'a pas le temps de parler avec ses compagnons. D'ailleurs, les seuls sujets de conversation se rapportent au travail, à la paye misérable ou à la maladie qui sème le désastre dans les familles. Rien que des sujets pénibles. Tandis qu'en prison on a des loisirs, on bavarde pour le plaisir de lier connaissance. C'est drôle, mais une prison est moins sinistre que n'importe quel lieu de travail. Sais-tu qu'avant d'aller en prison je croyais que le peuple était de nature maussade et ne se complaisait que dans le drame ? Je n'aurais jamais cru qu'il fût si spirituel, si plein d'humour. Oui, c'est seulement en prison que j'ai découvert tout à coup cette vérité fondamentale de notre peuple. Et aussi que toutes mes idées sur lui étaient fausses.

Comme tout intellectuel digne de ce nom, Urfy avait lui aussi dans sa jeunesse combattu pour la cause du peuple. Cependant son air effacé, sa timidité et son horreur de paraître l'avaient soustrait à l'attention d'une police plus attachée aux apparences des révolutionnaires qu'à leur réelle ferveur pour la révolution. Il n'avait donc pas connu la prison. Pour cette raison, l'expérience de Karim promettait de lui apprendre certains faits inconnus de lui jusqu'alors. Sa curiosité était éveillée ; il accentua la pression de sa main sur l'épaule de Karim, comme pour l'encourager à poursuivre son récit.

— Raconte-moi cela.

— Eh bien, reprit Karim, je voyais le peuple tel que je désirais le voir, c'est-à-dire pétri de haine et rêvant de vengeance. Et je voulais l'aider dans sa vengeance. Je le croyais soumis à l'oppression, et je me suis rendu compte qu'il était plus libre que moi. Tu ne peux imaginer les moqueries dont je fus l'objet, quand j'ai voulu leur expliquer que j'étais en prison à cause de mes idées politiques. Ce fut un désastre ; ils me considérèrent comme un simple d'esprit. Moi qui pensais qu'en leur apprenant ma condition de révolutionnaire, ennemi déclaré du gouvernement, j'allais leur inspirer du respect pour ma personne ! Quelle présomption de ma part ! Le gouvernement, il y avait longtemps qu'il était pour eux un sujet de plaisanterie. Avec toute mon intelligence j'avais pris le gouvernement au sérieux. Je me suis trouvé complètement idiot avec mes airs de martyr de la classe ouvrière. J'étais seul à prendre le gouvernement au sérieux.

— Quel rude coup pour ta vanité ! observa Urfy. Je présume que tu en as été très malheureux ?

— Au début, oui. Puis ma position me parut au plus haut point ridicule et j'ai commencé moi aussi à rigoler de tout. J'étais enfin ouvert à l'humour. Et il y avait de quoi rire, tu peux m'en croire. La diversité des caractères qu'on rencontre en prison est une chose incroyable. Tout ce peuple avait sur le gouvernement des idées fantastiques. Pour ces gens-là, le gouvernement se réduisait à une bande d'invertis. J'étais charmé par tout ce que j'entendais autour de moi.

— En somme, la prison a été pour toi une expérience décisive.

— Ç'a été le commencement. Parce qu'après j'ai rencontré Heykal.

Au nom de Heykal, il y eut chez Urfy un léger recul ; il retira sa main de l'épaule du jeune homme et s'absorba de nouveau dans la contemplation de ses chaussures éculées. Il songeait au plaisir qu'avait dû éprouver Heykal en écoutant les confidences de Karim sur son séjour en prison ; ce récit répondait parfaitement à son éternel besoin de dérision. Urfy refusait de se laisser séduire par l'étrange bouffonnerie de ce monde ; surtout il luttait contre la tentation de s'y complaire. Il savait bien que ce monde était régi par des sots et des criminels auxquels il ne fallait accorder aucun crédit, cependant cela ne comblait en lui aucune attente, aucune réjouissance secrète ; il ressentait plutôt toute l'amertume de cette situation. A l'opposé de Heykal, il essayait parfois de trouver dans les institutions humaines un semblant de sérieux ou de justice. Malheureusement les faits donnaient toujours raison à Heykal, lequel triomphait à tous les coups. Et il ne faisait pas que triompher ; il choquait Urfy par sa manie de rechercher toujours dans toute activité le côté malsain et risible ; comme s'il craignait que le moindre acte sensé perçu dans cette joyeuse mascarade ne vienne contrecarrer sa joie. Urfy en était souvent ulcéré. Cette faiblesse insigne, ce vague espoir qu'il conservait malgré tout, le condamnait à un isolement moral parmi ses camarades ; des hommes qu'il aimait et admirait.

— Alors, c'est pour ce soir ? dit-il enfin. Tu crois pouvoir y arriver ?

— J'en imprimerai assez, répondit Karim, pour que nous puissions commencer cette nuit même à les coller sur les murs de la ville. Seulement il faudrait que nous partions tout de suite. Tu vas m'aider, surtout pour corriger les épreuves.

— Où se trouve l'imprimerie ?

— Dans un entrepôt situé dans le quartier du port, et appartenant à Khaled Omar. Lui et Heykal doivent nous rejoindre là-bas dans la soirée.

— Ainsi Heykal va venir ?

— Certainement. Il doit nous donner ses dernières instructions. Sais-tu que cela n'est que le commencement et qu'il a d'autres projets en tête ? Je ne dors pas la nuit en pensant à tout ça !

L'enthousiasme de Karim pour le génie de Heykal l'empêchait de déceler sur le visage du maître d'école une certaine tristesse. Il était si content de collaborer à cette énorme mystification que rien d'autre n'avait de sens à ses yeux.

— Il y a des choses que je ne comprends pas très bien chez lui, dit Urfy.

— De qui parles-tu ?

— Je parle de Heykal. Ecoute-moi. Ces affiches, je suis le premier à reconnaître leur valeur destructive. Mais je me demande si vraiment Heykal veut abattre le gouverneur. Je me demande si Heykal ne trouve pas dans le gouverneur l'aliment nécessaire à sa joie. Peux-tu me répondre ?

— Que nous importe que le gouverneur soit abattu ou pas. Ce n'est pas là notre souci. Ce que nous voulons, c'est rigoler. N'est-ce pas aussi ton avis ?

— Pardonne-moi, Karim, mon frère, mais il m'arrive parfois d'oublier de rire. Je sais, c'est une faiblesse, mais je n'y puis rien.

Bien qu'il se défendît d'y penser, Karim n'ignorait rien des tourments qui agitaient l'âme sensible du maître d'école. Que sa mère fût devenue folle ne constituait pas, en effet, un cas pour des réjouissances. Karim le comprenait si bien qu'en vérité il aurait fait n'importe quoi pour ne pas se trouver en présence de la vieille folle : elle le terrorisait. En venant chez Urfy, il employait chaque fois toutes sortes de ruses pour ne pas la rencontrer sur son chemin. Il eut soudain l'intuition qu'elle était là à les épier et il tressaillit comme à l'approche d'un péril. Malgré lui, il tourna son regard vers la porte. L'espace d'une seconde, il ne vit personne ; puis l'image de la vieille folle se matérialisa devant ses yeux ; elle était là, dressée comme un épouvantail, dans l'encadrement de la porte. C'était une vieille femme réduite presque à l'état de squelette, mais douée d'une mystérieuse puissance d'envoûtement. Il y avait longtemps déjà qu'elle ne mangeait plus rien ; elle grignotait seulement des miettes de pain, refusant opiniâtrement toute nourriture substantielle. Hagarde, échevelée, elle contemplait la classe désertée par les élèves, les bancs vides, ignorant délibérément son fils et l'étranger qui lui tenait compagnie. Pendant un instant, Karim resta pétrifié, croyant apercevoir un spectre. Puis, comme un automate, il se leva et salua très bas la forme décharnée debout sur le seuil de la porte.

Urfy avait gardé son calme. Il fit un geste d'apaisement à Karim et fixa l'étrange apparition avec ses yeux de myope attendris jusqu'aux larmes.

La vieille folle s'avança vers eux très sûre d'elle, mue par un réflexe ancien d'autorité maternelle. Karim songea à fuir, mais se rendit compte qu'il était trop tard. Il n'avait plus envie de rigoler ; de cela il en était certain.

— Où sont partis les enfants ? s'enquit la vieille. Il ne reste plus que celui-là, ajouta-t-elle en regardant Karim avec suspicion.

— Mère, dit Urfy. Tu ne reconnais pas mon ami Karim ?

— Je le reconnais très bien. C'est un bon élève, il réussira dans la vie. Puisque les autres sont partis, il va me réciter sa leçon.

D'un pas alerte elle alla vers l'estrade et s'assit résolument au pupitre. Sa main osseuse saisit la règle et la pointa sur Karim :

— Allons, petit ! Récite-moi ta leçon.

C'était l'enfer pour Karim. Il jeta à Urfy un regard suppliant, le regard d'un homme qui se noie et qui aime trop la vie pour mourir. Mais contre toute attente, Urfy ne prêtait aucune attention à son désarroi. Il avait pris un masque impassible et semblait suivre la scène avec la froide assurance d'un aliéniste vérifiant ses observations. Cette attitude du maître d'école troubla Karim au plus haut point. Est-ce qu'Urfy se vengeait de lui, en le laissant ainsi à la merci de cette folle ? Est-ce qu'il attendait de lui qu'il se mette à rire, comme il en avait l'habitude, à propos de tout ? Certainement, il le défiait. C'était cela et rien d'autre.

Enfin, au bout de ce qui lui parut une éternité, Urfy dit sur un ton très mondain et qui n'impliquait aucune urgence :

— Mère, il faut aller te coucher.

La vieille ne sembla pas l'entendre ; elle tenait à son idée.

— Allons, petit ! Tu nous retardes !

Karim comprit tout à coup que pour sortir de ce piège, il lui fallait jouer le jeu et ne pas décevoir la vieille folle. Se rappelant une lecture vaguement patriotique qu'il avait apprise dans son enfance, il se mit à la réciter d'une voix rauque, et en se raclant plusieurs fois la gorge.

La vieille folle le surveillait de ses yeux déments ; elle semblait prendre plaisir à cette récitation. Malgré son air de sorcière, elle conservait cette dignité stupide de la maîtresse d'école consciente de sa mission.

— C'est très bien, dit-elle quand Karim eut fini. Je te félicite ! Tu as fait des progrès depuis la dernière fois. Je dirai à ton père que tu mérites l'argent qu'il dépense pour toi.

Karim ploya le buste très bas à plusieurs reprises, comme si les félicitations de la vieille folle étaient trop lourdes à son humilité. Au fond, il ressentait un orgueil insensé pour avoir dominé la situation. Il regarda Urfy avec un sourire de vainqueur, lui signifiant ainsi qu'il avait enregistré son défi et l'avait relevé de la plus heureuse façon.

C'est à cette seconde précisément que la panique s'empara d'Urfy ; subitement il ne voyait plus rien et se croyait devenu aveugle. Il lui fallut un moment pour comprendre la raison de cette cécité soudaine : l'émotion avait empli ses yeux de larmes retenues à grand-peine et les verres de ses lunettes étaient complètement embués. Il les enleva prestement et les frotta avec son mouchoir d'une manière fébrile, encore sous le coup de la panique. En les remettant il vit que les deux protagonistes de ce cauchemar grotesque se trouvaient toujours à leur place, immobiles et muets, comme s'ils attendaient de lui — et de lui seul — qu'il levât enfin la séance. Il se précipita sur le pupitre, entoura de son bras les épaules de sa mère et, la soulevant presque, il la ramena doucement vers la porte. La vieille folle se laissait faire et paraissait avoir tout oublié ; en passant près de Karim elle ne le regarda même pas. Karim s'inclina une dernière fois et ne se releva que lorsqu'ils furent sortis de la classe.

Il ne resta pas longtemps seul. Urfy revint aussitôt, la mine très affectée.

— Je te prie de m'excuser, dit-il d'une voix sourde. Je suis vraiment navré !

Maintenant que le danger était loin, Karim avait repris sa jovialité.

— Il n'y a pas de mal, répondit-il sur un ton plaisant. Il allait ajouter : Je me suis bien amusé, mais se retint à temps.

— C'est ma faute, reprit Urfy. Je devrais l'enfermer à clef dans sa chambre, mais je n'en ai pas le courage.

— Ne te fais surtout aucun reproche, dit Karim. Ecoute : sais-tu qu'une chose magnifique vient de m'arriver ! Je n'ai jamais su réciter cette leçon étant gosse, et voilà qu'elle m'est revenue subitement en mémoire. Je trouve ça extraordinaire. Qu'est-ce que tu en penses ?

Urfy n'avait pas envie de répondre ; il dit simplement :

— Partons, veux-tu ?

VII

En débouchant du sous-sol dans la rue flamboyante, ils se sentirent happés par la chaleur intense et commencèrent à transpirer dès leurs premiers pas. Karim enleva sa veste et la mit sur son bras ; puis il déboutonna son col, releva ses manches et prit une allure sportive. Urfy ne le suivit pas dans ce dévergondage vestimentaire ; il y avait trop de parents d'élèves dans les parages pour qu'il se permît une telle incorrection. A distance l'un de l'autre, car le moindre attouchement devenait insupportable dans cette atmosphère surchauffée, ils dirigèrent leur marche vers le quartier du port, traversèrent une infinité de ruelles désertées où, dans les rares boutiques ouvertes, on voyait des commerçants — un mouchoir étalé sur le visage pour se préserver des mouches — faire leur sieste avachis sur une chaise. Ces dormeurs ressemblaient si fort à des cadavres que chaque fois Karim détournait la tête en frissonnant. Plus loin, des enfants à moitié nus jouaient dans les flaques d'eau laissées par l'arroseuse municipale ; ils s'ébattaient joyeusement et lancèrent à Karim des quolibets aussi inconsistants que l'esprit de leurs mères. Cet incident arracha des soupirs au jeune homme. Il trouvait que cette nouvelle génération d'enfants manquait vraiment d'astuce dans l'insulte, et il mit cette défaillance sur le compte du nouveau régime. Mais la chaleur l'empêcha de se concentrer sur ces pensées affligeantes. Il avait hâte d'échapper à cette fournaise ; il pressa le pas, entraînant Urfy dans son sillage.

Au bout de vingt minutes de cette promenade délirante, une légère brise annonça la mer proche ; on apercevait déjà à travers les trouées des bâtiments les longs paquebots amarrés aux quais, somnolents et placides sur leur ancre. Karim s'arrêta devant une bâtisse vétuste peinte en jaune, sortit une clef de sa poche et ouvrit le cadenas qui fermait les deux battants d'un immense portail.

— Entre, dit-il à Urfy.

L'entrepôt que Khaled Omar avait mis à leur disposition contenait une quantité énorme de marchandises diverses ; un nombre incalculable de sacs et de caisses s'entassaient contre les murs, depuis le sol de terre battue jusqu'à hauteur du plafond. On avait dû débarrasser le centre pour installer la presse à bras dont le métal luisait faiblement dans la pénombre. L'endroit dégagé n'était pas très vaste et Urfy eut l'impression que toutes ces caisses allaient lui dégringoler sur le crâne. Il avança précautionneusement, les yeux fixés sur l'unique lucarne munie d'un grillage, par où coulait une lumière parcimonieuse. C'était son seul repère dans cette quasi-obscurité venant après l'éclat aveuglant de la rue. En arrivant sous la lucarne il vit qu'on avait disposé pour leur commodité une table avec deux chaises. Sur la table, il remarqua des casiers remplis de caractères d'imprimerie. Il s'assit sur l'une des chaises et, tout en s'épongeant la figure avec son mouchoir, il admira la forme métallique qui trônait pareille à un animal fabuleux au milieu de ce fatras de marchandises.

Karim s'affairait autour de la presse avec l'air d'un enfant s'amusant à démonter un jouet compliqué. Il se tourna vers Urfy.

— Elle est superbe, n'est-ce pas ? dit-il avec l'orgueil de quelqu'un qui vient de faire une riche acquisition. Elle est presque neuve. Khaled Omar s'est montré opulent ; il n'a pas lésiné sur les frais.

— Je vois, dit Urfy. Tu me diras de quelle manière je pourrai t'aider.

— Tout à l'heure tu m'aideras à composer les caractères.

Je t'expliquerai la façon de procéder, ce n'est pas difficile. Mais d'abord je vais allumer, on ne voit rien ici.

Il alla tourner le commutateur. Deux lampes sans abat-jour suspendues au plafond par des fils s'allumèrent, projetant une lumière crue qui fit renaître à un moindre degré la chaleur du dehors.

— Allons-y, dit Karim en s'approchant de la table et en s'asseyant sur l'autre chaise.

— A tes ordres, répondit Urfy.

Lorsqu'à neuf heures du soir Heykal arriva en compagnie de Khaled Omar, il y avait déjà plus de cinq cents affiches, agrémentées du portrait du gouverneur en tenue militaire, empilées sur le sol de l'entrepôt. Le négociant portait un costume vert bouteille et une cravate rouge vif d'un effet foudroyant ; il sentait le parfum de violette plus fortement que jamais. Il s'avança vers Karim, prit le jeune homme dans ses bras, l'embrassa sur les deux joues et le congratula d'abondance. Ses exclamations remplissaient d'échos sonores le silence régnant dans le quartier du port à cette heure nocturne.

— Tu as déjà fait tout ça ! Ma parole, tu es un génie !

Les effusions de Khaled Omar cessèrent lorsqu'il vit Heykal commencer à lire à haute voix un exemplaire de l'affiche, articulant chaque mot avec précaution, l'air solennel, comme s'il lisait une sentence de mort. En entendant les louanges décernées au gouverneur, Khaled Omar ne put réprimer son contentement ; il hochait la tête à la façon d'un demeuré, portait les mains à sa poitrine comme s'il suffoquait d'aise. En vérité, il réalisait pleinement la perfidie meurtrière de cette farce et se félicitait d'en être l'un des promoteurs.

— Ce portrait à lui seul est suffisamment éloquent, dit Heykal quand il eut terminé sa lecture. Toutefois je m'incline devant l'auteur du commentaire. Il vient de suicider notre bien-aimé gouverneur.

Et pour la première fois depuis qu'il était entré dans l'entrepôt, il regarda Urfy.

Urfy reçut le compliment avec une certaine gêne, comme si de ne pouvoir participer totalement au plaisir de Heykal le rendait fautif, et en même temps traître à la cause qu'il servait. Cependant il sourit pour montrer qu'il était sensible à l'appréciation de Heykal ; mais celui-ci sembla déceler l'amertume contenue dans ce sourire. Son visage prit une expression d'immense gravité ; il parut réfléchir un moment, puis s'approcha du maître d'école.

— Tu sais combien je t'aime, Urfy, mon frère. Mais j'avoue qu'il y a quelque chose en toi qui m'inquiète. Es-tu malade ? J'en serais profondément désolé.

Il s'exprimait avec une telle sincérité qu'Urfy en fut ému et troublé. Mais il se ressaisit très vite, comprenant à quoi Heykal faisait allusion en s'informant de sa santé. Indirectement il lui demandait des nouvelles de sa mère, cette mère infortunée qui était devenue sa torture. Non, Heykal ne pouvait lui donner le change sur ses véritables intentions ; il l'avait vu trop souvent à l'œuvre. Chaque fois qu'il venait chez lui, il ne manquait jamais d'aller rendre visite dans sa chambre à la vieille femme ; on eût dit qu'il ne venait que pour elle. Il prenait alors cet air grave qu'il avait en ce moment, et se conduisait envers la folle avec une politesse raffinée et un ton de grand seigneur. Et chose extraordinaire, la folle en tirait vanité, se montrait coquette et l'appelait prince. C'était un spectacle insensé dont Urfy ne parvenait pas à discerner le mécanisme et dont il se souvenait avec une étrange frayeur. Il finissait par se demander si toute la sympathie de Heykal n'allait qu'aux aspects démentiels de la vie, et si lui-même n'était pas un peu fou.

— Je me porte très bien, répondit-il.

— Tu as pourtant la mine fatiguée, observa Heykal.

— J'ai beaucoup à faire en ce moment. Tu sais que je suis seul à diriger l'école.

— Je comprends. Mais alors pourquoi cette amertume ?

Mon cher Urfy, tu connais mon affection pour toi. Je n'aimerais pas qu'il y eût entre nous la moindre équivoque.

— Où vois-tu de l'amertume ?

— Ton comportement n'est plus le même. Tu donnes l'impression de n'être pas d'accord. N'es-tu pas d'accord avec nos projets ?

— Je partage entièrement tes idées, dit Urfy avec la vigueur d'un disciple suspect de tiédeur. S'il y a vraiment de l'amertume en moi, elle n'a rien à faire avec nos projets. C'est très personnel.

— Alors, écoute-moi. Ces affiches une fois apposées sur les murs de la ville vont provoquer une effroyable stupeur. Même les laquais du régime vont se demander si toute cette publicité n'est pas l'œuvre du gouverneur. Il y aura une confusion terrible. Aussi convient-il de ne pas s'arrêter en chemin. Nous allons remplir tous les recoins de la ville de ces affiches ; après nous en entreprendrons d'autres. A partir de maintenant, nous sommes voués au culte du gouverneur. Et cela même dans nos conversations avec les gens. Puis-je compter sur toi ?

Mais Urfy n'eut pas le temps de répondre, car on entendit soudain éclater le rire tonitruant de Khaled Omar ; affalé sur une chaise, celui-ci écoutait Karim lui relire le texte de l'affiche. Le négociant ne se lassait pas d'entendre ce panégyrique outrecuidant et se le faisait répéter à tout instant par son jeune ami, lequel semblait tout heureux de le satisfaire. Urfy regarda Karim et, se rappelant la scène de l'école entre le jeune homme et sa mère, il fut submergé par la honte. Est-ce que Karim allait raconter cela à Heykal ? Sans aucun doute, il s'en vanterait comme d'une victoire. Urfy en eut froid au cœur. Il n'y avait en lui aucune rancune contre Heykal, mais, au contraire, un regret triste de ne pouvoir l'aimer sans restriction. Il admirait Heykal, et son admiration eût pu lui faire sacrifier sa vie pour un tel homme. Heykal était toujours le même, avec son allure impeccable et ses manières aristocratiques ; aucun drame personnel ne venait ébranler sa froide détermination. Urfy l'enviait pour cette superbe indifférence au malheur. Il se sentait seul, à peine rattaché par un fil à ce monde burlesque et joyeux où évoluait Heykal. Et ce fil craquait ?

— Tu as tout préparé pour cette nuit ? demanda Heykal en s'adressant à Karim.

— Oui, tout est prêt, répondit Karim. J'ai donné rendez-vous à quelques camarades qui doivent me rejoindre ici bientôt. Nous formerons plusieurs groupes et nous nous partagerons les quartiers de la ville.

— C'est très bien. Tu as été épatant !

— Quand je pense aux affiches que je collais il y a quelques années et où l'on disait du mal du gouvernement !

— Cette fois-ci tu vas en dire du bien. Ça te changera un peu.

— Je vous accompagnerai, proposa Khaled Omar. J'ai envie d'en coller au moins une.

— Il vaudrait mieux pas, dit Heykal.

Il ne dit pas pourquoi, mais il pensait que la mise tapageuse et le rire bruyant de Khaled Omar attireraient l'attention sur le groupe.

— Je m'incline devant tes ordres, dit le négociant nullement vexé.

Heykal lui sourit, puis dit :

— Vous m'excuserez tous. Je suis obligé de vous quitter.

Il se dirigea vers la pile d'affiches entassées sur le sol, en prit une, la contempla longuement, puis la plia et la glissa dans la poche intérieure de sa veste.

— J'en aurai peut-être besoin ce soir, dit-il d'un air énigmatique. Salut !

Il sortit de l'entrepôt et marcha dans les rues désertes, respirant avec allégresse l'odeur vivifiante de la mer.

VIII

L'odeur de la mer se mêlait au parfum dont Soad avait imprégné son corps frêle d'adolescente aux formes à peine nubiles. Elle se roulait sur le sable, s'amusant à narguer les étoiles par ses poses lascives. A part les étoiles, personne ne pouvait la voir. Elle se trouvait sur la plage, à la lisière de la promenade déserte du casino, dans une zone ténébreuse à l'abri des lumières scintillantes du dancing en plein air. La musique de danse arrivait jusqu'à elle dégagée de son rythme assourdissant, prenant une résonance fantomatique, aussi irréelle que sa propre présence sur ce coin abandonné de la plage. Elle s'immobilisa un instant, le visage crispé en une moue enfantine, puis elle cueillit une poignée de sable et la fit couler lentement sur son bas-ventre, éprouvant un plaisir voluptueux à sentir ce poids qui pesait de seconde en seconde plus lourdement sur elle, s'insinuait en elle comme une caresse profonde. Plusieurs fois elle recommença ce manège, frémissante, au bord de l'extase, retenant le désir qui la submergeait. Soudain elle s'arrêta, rejeta d'un mouvement souple des hanches le tas de sable qui maculait sa robe, et se retourna vers les lumières du dancing.

C'était un monde étrange et vaguement burlesque qu'elle entrevoyait au-delà de la promenade déserte, un monde tellement lointain qu'elle avait l'impression de se trouver à des milliers de kilomètres, regardant la scène d'une autre planète. Sur la piste de danse, au milieu d'un décor de plantes vertes, de jets d'eau et de palmiers nains, des couples se mouvaient pareils à des marionnettes manœuvrées par un fou. Elle apercevait son père assis en compagnie du gouverneur dans une espèce de loge séparée du reste du public par une balustrade. Le gouverneur pérorait devant son père, deux autres hommes qu'elle ne connaissait pas — lesquels ne faisaient que hocher la tête en signe d'assentiment — et une chanteuse célèbre dans le pays, d'âge plus que mûr ; on disait qu'elle était depuis quelques mois la maîtresse du gouverneur. C'était une grosse matrone peinturlurée comme la momie d'un pharaon, nommée Om Khaldoun, et que seul le snobisme de certains notables de la ville empêchait de tomber en ruine. Etre l'amant d'une chanteuse célèbre équivalait pour eux à exposer leur fortune, car on prétendait qu'elle coûtait fort cher à ces archéologues d'un nouveau genre. Chaque fois qu'elle la voyait, Soad se demandait comment un homme, fût-il le plus rustre, le plus dénué de tendances à l'esthétique, pouvait faire l'amour avec cette créature flétrie aux chairs flasques, uniquement par simple gloriole. Pendant un certain temps la chanteuse avait été la maîtresse de son père et la jeune fille gardait de cette époque un souvenir pénible. Sa haine pour son père s'était accrue d'un dégoût insurmontable ; elle ne lui permettait plus de l'approcher, ni surtout de la toucher. Il lui semblait qu'il était atteint d'une maladie contagieuse, qu'il exhalait une odeur de vieille femme, semblable à l'odeur de la pourriture. Elle mit longtemps, après que son père eut rompu avec la chanteuse, avant de pouvoir supporter sa vue sans répugnance.

Son père était le type le plus représentatif de cette bourgeoisie vorace et cupide, qui régnait sur la ville à la façon d'une bande de chacals dépeçant une charogne. Il ne fréquentait que des gens de sa caste, mais tous gens assez serviles, qu'il régentait et comblait de mépris à son aise. Même avec le gouverneur, il affichait une supériorité et un dédain d'une insolence ostentatoire. Des années durant, Soad avait entendu, impuissante et mortifiée, son père manier l'outrage avec la perfection d'un bourreau. Rien ne résistait à ses jugements péremptoires, aux éclats de sa colère hautaine. Généralement ces éclats avaient lieu au cours des réceptions qu'il donnait dans sa somptueuse villa, aussi vaste qu'un palais et regorgeant d'une domesticité innombrable. Il commençait par accueillir ses invités avec l'air de quelqu'un subissant des avanies et se promettant de s'en venger au plus tôt. Puis, ayant rendu ses hôtes presque honteux de leur sort, il se livrait à d'âpres discussions sur les affaires et la politique. Personne n'aurait osé le contredire, car la virulence de ses reparties était proverbiale. Sa façon de mener une conversation en soumettant sans répit son interlocuteur à ses mordantes invectives faisait accourir chez lui toute la haute société de la ville ; chacun y venait pour voir insulter les autres. Cependant il traitait sa fille avec une bienveillance mesurée, presque peureuse. Elle l'effrayait un peu par son tempérament rebelle où couvait, lui semblait-il, une révolte latente. Tout ce qu'il exigeait d'elle, c'était de ne pas provoquer de scandale. C'était sa panique à lui, le scandale. Il tremblait de la voir tomber enceinte, et paraissait redouter cette éventualité comme la plus funeste des calamités. Soad le savait inquiet à ce sujet ; elle lisait cette inquiétude dans ses yeux presque chaque jour quand il lui regardait le ventre, comme s'il s'attendait à y voir enfler le scandale qu'il appréhendait. Mais une fois fixé sur ce point, il ne voulait plus rien savoir ; pour le reste, il ignorait tout d'elle.

La silhouette de Heykal se profila sur les lumières du dancing et elle le regarda s'avancer sur la promenade, long et mince, superbe comme l'ombre d'un dieu énigmatique émergeant du néant. Elle se leva d'un bond, mais ne courut pas à lui ; elle attendit vaillamment qu'il fût devant elle pour se jeter dans ses bras. Elle s'accrochait à lui en sautillant et en poussant des soupirs d'une allégresse incrédule, comme une enfant à qui on aurait donné un jouet d'une qualité extraordinaire et qui n'arrive pas à croire à sa chance. Heykal subissait ses caresses avec un air de tendre indulgence pour cette frénésie de gamine amoureuse. Il était sensible à cette adoration, à ce jaillissement de mots inarticulés, semblables aux balbutiements d'un noyé revenant à la vie. La jeune fille ne cessait de l'embrasser, de se frotter à lui en s'appesantissant de toute l'ardeur de son corps, avec l'envie manifeste de l'entraîner avec elle sur le sable. Mais Heykal se libéra de son étreinte et l'écarta doucement.

— Allons, petite fille, ce n'est pas le moment, dit-il.

— Tu es dur avec moi, gémit-elle.

Son visage avait pris une expression désemparée, au bord des larmes ; la moue d'une fillette brimée, victime de l'injustice des adultes. Mais c'était de la frime, une façon à elle de jouer les malheureuses pour chercher à l'attendrir. Elle ne savait jamais s'il était ravi ou non de la voir ; il ne lui disait à aucun moment qu'il l'aimait. Il demeurait toujours impassible, même dans la passion la plus effrénée, avec ce même sourire narquois sur les lèvres, et ce regard d'un orgueil incommensurable, non pas lointain mais, au contraire, plein d'audace et de décision.

— Oui, tu es dur avec moi, reprit-elle en lui martelant la poitrine de ses poings serrés.

Heykal se mit à rire.

— Allons, cesse cette comédie, dit-il en la prenant par le bras et en l'entraînant le long de la plage.

En vérité, il ne se souciait pas de faire l'amour avec elle sur le sable au risque d'abîmer ses vêtements. Il avait besoin de paraître tout à l'heure dans la salle de jeu pour accomplir une mission réclamant la plus grande discrétion, et il ne voulait pas se faire remarquer par une tenue négligée. D'ailleurs, pour le moment, il était excité par tout autre chose qu'un désir charnel : la machination qu'il avait ourdie contre le gouverneur et les répercussions inévitables qui suivraient le placardage des affiches sur les murs de la ville.

Ils s'arrêtèrent près d'un cordon monté sur des piquets de bois qui délimitait la plage privée du casino. Soad s'assit sur la corde tendue et fit mine de se balancer. Heykal resta debout à la regarder, puis il prit place à côté de la jeune fille et lui enlaça la taille. Dans ce coin les ténèbres étaient infiniment plus opaques ; l'unique clarté provenait de la luminosité de la mer où se reflétaient les étoiles. La musique de danse s'était tue, créant un silence insolite, plongeant les bâtiments illuminés du casino dans une sorte d'éloignement catastrophique. Heykal eut l'impression qu'ils étaient les seuls survivants d'un monde anéanti ; il fut soudain possédé par un étrange sentiment de puissance, et il serra Soad contre lui avec une vigueur désespérée, comme s'il détenait le pouvoir de la défendre même contre la mort.

Il la relâcha brusquement et demanda :

— Ton père est là ?

— Oui, il est en compagnie du gouverneur. Comment ça a marché, ce soir ?

— Très bien. Les affiches seront sur les murs de la ville demain matin. Le portrait du gouverneur est d'une précision insoutenable ; c'est encore plus meurtrier que le texte qui l'accompagne. Aussi je voudrais que tu essayes de te rendre compte des réactions du gouverneur. Tâche de te distinguer.

— Au fond, tu ne me vois que pour ça, dit-elle avec une moue attristée. Je te sers d'agent de renseignement. Tu n'es qu'un scélérat !

C'était un peu vrai ; Soad lui servait pour espionner le gouverneur durant les nombreux entretiens que celui-ci avait avec son père. Le gouverneur la considérait encore comme une petite fille et ne se gênait guère pour divulguer en sa présence les desseins les plus secrets de sa charge. Il fut un temps où ces conversations entre les deux hommes faisaient bâiller la jeune fille, excédée de les entendre discourir sur toutes ces choses sottement sérieuses touchant les affaires du pays. Mais depuis qu'elle connaissait Heykal, elle manifestait une ardente curiosité pour tout ce que le gouverneur — dans sa sottise émérite — laissait échapper sans méfiance. Chaque fois qu'elle le pouvait — et c'était autant par vengeance que pour plaire à Heykal — elle rapportait au jeune homme certains détails révélateurs sur les intentions, les plans et les intrigues du gouverneur.

Elle se leva, se tint debout devant lui et demanda d'un ton implorant :

— Tu m'aimes ?

Dans sa bouche de gamine cette question banale prenait une signification poignante. Heykal en fut assombri ; il refusait de se laisser engloutir dans ce marécage affligeant de l'amour. Ce qu'il ressentait pour elle n'avait rien de commun avec cette passion farouche qu'elle semblait exiger de lui. Elle confondait un médiocre élan sentimental, fait de platitudes et de routine, avec l'incomparable complicité qui les liait. Mais comment lui expliquer la différence ? Elle en était complètement inconsciente, et il serait odieux de sa part de la détromper. Après tout c'était une femme et il ne pouvait lui demander de renier sa nature.

— Mais si, je t'aime, répondit-il avec un sourire amer, presque douloureux, non à cause de son mensonge, mais surtout à cause du regret qu'il éprouvait déjà de la perdre un jour.

— Ah ! quel homme j'ai ! s'écria-t-elle avec exaltation. Qu'un homme tel que toi puisse seulement exister, cela me semble un miracle !

Elle sautillait sur le sable, ravie et joyeuse. Heykal l'attira et la fit se rasseoir près de lui sur la corde. Puis, posant sa main sur la nuque de la jeune fille, il dit :

— Ecoute, j'ai un travail pour toi. La prochaine fois

que tu viendras me voir apporte la machine à écrire. J'aurai à te dicter une lettre.

— Qu'est-ce que tu prépares encore ? Une nouvelle farce ?

— Eh bien, voilà. J'ai l'intention d'envoyer à tous les journaux une lettre circulaire leur demandant d'ouvrir une souscription en vue d'ériger une statue au gouverneur.

Soad battit des mains à l'énoncé de ce projet ; elle voulut se relever pour donner libre cours à son exubérance, mais Heykal la retint fermement, l'obligeant à rester tranquille.

— Attends, reprit-il. Ce n'est pas tout. Tu auras un rôle à jouer là-dedans. Sais-tu par qui sera signée cette lettre ? Elle portera la signature de ton père, le plus éminent des amis du gouverneur.

— Tu es un démon ! Ah ! comme je t'aime ! Elle s'agrippa à son cou et lui couvrit le visage de baisers rapides.

— Il me faudra donc une signature de ton père pour pouvoir l'imiter. Peux-tu m'en procurer une ?

— C'est bien simple. Je vais lui demander de me faire un chèque. Ce ne sera pas la première fois. Il le fait souvent quand il me donne de l'argent.

— Excellent ! s'exclama Heykal. Je suis fier de toi ! Tu lui demanderas un chèque au porteur et je m'en servirai pour l'envoyer dans l'une des lettres. Je choisirai pour cela le journal le plus influent de la ville. Le chèque donnera plus de crédit à la chose. Les autres journaux ne feront pas d'histoires. Ils publieront la lettre sans chercher à comprendre.

Soad fut secouée tout à coup d'un rire grinçant, empreint de méchanceté, le rire d'une femme irritée préparant sa vengeance.

— Ah ! l'imbécile, s'il savait !

— Qui ça ? demanda Heykal.

— Mon père. Crois-tu qu'il se suicidera ? Ah, comme je l'espère, comme je l'espère !

— Tes griefs personnels ne m'intéressent pas, répondit Heykal. Il faut que tu le comprennes.

Il avait décelé dans le rire de la jeune fille une haine si vive qu'il entrevit une fois de plus l'abîme qui le séparait d'elle. Les femmes avaient la faculté d'aimer jusqu'au délire, mais aussi celle de haïr avec la violence d'une bête déchaînée. Et la haine était un sentiment qui manquait totalement à Heykal. Son profond mépris de l'humanité en général lui interdisait de donner par sa haine une importance quelconque aux bouffons qui se pavanaient sur la scène de ce monde pavoisé de leurs crimes. Il regarda la jeune fille au visage désappointé, qui semblait attendre de lui un mot ou une caresse pour se détendre et s'épanouir. Mais il demeurait silencieux, subjugué par le souvenir d'un autre visage ; un visage d'une sérénité émouvante, où toute haine était abolie pour toujours. Toute la tendresse accumulée en lui affluait vers ce visage de vieille folle, la mère d'Urfy. Sa folie la lui rendait admirable, car elle planait au-dessus de la contagion, dans une sorte d'univers extra-terrestre, d'une pureté inviolable, non entaché par l'abomination. Lui qui ne tenait à rien, il jalousait Urfy pour cette mère folle, cette sublime entité enfouie au fond d'un sous-sol des bas quartiers de la ville. Le maître d'école possédait la seule chose qui pouvait l'émouvoir et le toucher, lui, Heykal. Une chose tellement précieuse qu'il était obligé de donner le change à Urfy, ayant la déchirante certitude que son ami ne serait pas en mesure de comprendre le sens d'une si singulière vénération. Il savait qu'Urfy le blâmait secrètement parce qu'il allait souvent s'entretenir avec la vieille folle dans sa chambre, et qu'il le soupçonnait d'avoir des pensées diaboliques à l'égard de sa mère. Comment aurait-il pu se douter que c'étaient les seuls moments où Heykal éprouvait une émotion réellement authentique ; il devenait prodigue de dévouement et de gentillesse, capable enfin d'une abnégation sans limite. Devant cette vieille folle, ce débris d'humanité, il sentait sourdre en lui les larmes de la tendresse et de l'amour. Mais il préférait se résigner aux affreux soupçons d'Urfy, plutôt que de lui avouer la douceur infinie de ces instants qu'il consacrait à contempler le visage pathétique de sa mère. Cette situation équivoque le chagrinait au point de lui faire espacer ses visites à la vieille folle. Il lui suffisait maintenant d'évoquer ses traits, son regard d'enfant martyr, pour atteindre à ce frémissement de l'âme, indispensable à son bonheur.

Il y avait dans le silence de Heykal l'indice d'un malaise que Soad ressentit d'instinct. Elle bougea sur la corde, se trémoussa, soupira, anxieuse de le voir revenir à elle. La musique de danse reprit au loin, aérée et limpide dans la nuit.

— Si nous allions danser, finit-elle par dire, mon père est très occupé avec le gouverneur, il ne s'apercevra de rien. Il y a si longtemps que je n'ai pas dansé avec toi.

— Non, c'est impossible, dit Heykal. Va rejoindre ton père. Moi, je dois me rendre dans la salle de jeu.

— Je te retrouverai après ?

— Je viendrai un moment au dancing. Mais je ne resterai pas longtemps. J'ai à faire ce soir.

— Je sais ce que tu as à faire, fit-elle d'un air entendu et en faisant sa moue la plus tragique.

— Ne sois pas jalouse, dit Heykal en riant.

— Je ne suis pas jalouse maintenant. Mais je t'avertis que je le deviendrai quand je serai plus grande.

— Mais tu es déjà assez grande comme ça, dit Heykal pour la taquiner. Tu as presque dix-sept ans !

— Espèce de sale type !

Elle fit mine de pleurnicher, mais Heykal se leva pour partir. Soad se dressa d'un bond, s'accrocha à lui, essayant de le griffer et de l'embrasser en même temps. Avec beaucoup d'adresse et à grand renfort de promesses fallacieuses, il parvint à se dégager de la jeune fille. Puis il traversa la promenade, obliquant vers la gauche, en direction du bâtiment réservé à la salle de jeu.

C'était un bâtiment en stuc, orné de mosaïques, rappelant par son architecture un opulent tombeau hindou. Heykal entra dans la salle d'un pas rapide et désinvolte, celui d'un joueur voulant sans tarder se mesurer avec le sort. Il fut oppressé par le silence grave, presque angoissant, qui l'accueillit. Il arrivait à un moment critique : le croupier venait de lancer la bille dans le plateau de la roulette. Le raclement de la bille, pareil au grignotement d'une souris prisonnière, dominant entièrement la salle. Dans cette ambiance fiévreuse, la chaleur était suffocante ; aucun souffle ne pénétrait par les vastes baies ouvertes sur le panorama de la mer. Heykal lorgna les groupes de joueurs agglutinés autour de la longue table, mais personne ne se retourna sur son passage. Ils étaient tellement absorbés par le jeu que même un séisme n'aurait pu les arracher à la contemplation de la roulette. Le raclement de la bille se faisait toujours entendre lorsqu'il atteignit le fond de la salle où, à côté d'un immense bar, se trouvait un couloir menant aux toilettes. L'endroit était vide. Heykal tendit l'oreille vers le couloir pour s'assurer qu'il n'était pas suivi ; il n'entendit aucun bruit de pas, mais seulement une rumeur sourde qui s'élevait au loin : sans doute la bille qui venait de s'immobilier, libérant les joueurs de leur angoisse. L'instant lui parut propice pour se mettre à l'ouvrage. Très vite il sortit l'affiche de sa poche, puis, à l'aide d'un tube de colle dont il s'était muni, il la placarda sur le mur juste au-dessus de la rangée d'urinoirs. Le portrait du gouverneur semblait ainsi surveiller les braguettes de tous les clients du casino. C'était franchement hallucinant. Heykal se recula pour admirer son œuvre. Il s'en délectait avec une joie malicieuse quand il perçut un bruit de pas dans le couloir. L'affaire se compliquait. Si quelqu'un le voyait en ce moment, il paraîtrait forcément suspect. Et s'il s'agissait d'une connaissance, il n'échapperait pas à une discussion qui risquait de s'éterniser et par là même devenir dangereuse. Le commutateur était à portée de sa main ; il le manœuvra et, plongeant les toilettes dans l'obscurité, il se faufila dans le coin derrière le battant de la porte. Les pas, lourds et malhabiles, se rapprochèrent et un homme entra dans les toilettes. Dans la clarté blême provenant du couloir, Heykal vit l'homme — énorme masse trébuchante — se diriger tout droit vers l'urinoir. C'était un homme d'un certain âge, très corpulent et, de prime abord, inconnu de Heykal. Il poussait des grognements indistincts et paraissait fort éméché. Heykal se tenait immobile, retenant son souffle ; il n'osait pas encore bouger, attendant que l'homme fût occupé à uriner pour saisir l'occasion de s'échapper. L'homme maintenant lui tournait le dos, les jambes écartées, sa silhouette massive se découpant sur la faïence blanche ; il ahanait en s'activant à ouvrir les boutons de sa braguette. Il était assez ivre pour ne pas être incommodé par cette bizarre absence de lumière et Heykal s'en félicitait quand, tout à coup, l'homme se mit à marmonner des injures grossières contre la direction du casino. Malgré son ébriété, il se propulsa avec une agilité surprenante vers le commutateur ; il y eu un déclic et la lumière revint. Mais avant que Heykal ait pu faire un geste, l'homme avait déjà aperçu le portrait du gouverneur sur le mur. Il eut une seconde de consternation, puis il laissa échapper un cri rauque qui s'étouffa dans sa gorge et s'effondra en agitant ses mains au-dessus de sa tête comme s'il appelait à son secours la terre entière. Heykal sursauta, surpris par la soudaineté de l'incident. Lentement il s'approcha de l'homme allongé sur le sol, la braguette béante, toute sa masse énorme reposant dans une immobilité de cadavre. Il était mort. Ses yeux exorbités continuaient à fixer le portrait du gouverneur avec une insistance féroce, et il sembla à Heykal que les deux hommes avaient l'air de se défier d'une façon grotesque. Il quitta les lieux sans s'attarder à approfondir la raison de cet antagonisme furibond et quelque peu mystérieux.

La clameur qui emplissait la salle de jeu fit croire à Heykal que la nouvelle de la mort de l'inconnu s'était déjà répandue parmi les joueurs. Mais il comprit aussitôt son erreur. L'un des joueurs venait de gagner une grosse somme et c'était cette heureuse manifestation du hasard qui était à l'origine de l'excitation générale. Heykal profita de cette effervescence ; personne ne fit attention à lui lorsqu'il traversa la salle et sortit sur la promenade. En arrivant au dancing, il repéra une table vide près d'un palmier nain et s'assit dans l'attente des événements.

Sans aucun doute, l'homme avait succombé à un arrêt du cœur consécutif à la vision du portrait du gouverneur. Cette mort n'était pas prévue au programme, mais Heykal s'en consolait facilement. Dans son esprit cet accident était le produit d'une fatalité qui savait parfois se montrer cocasse. Ainsi, le premier type à avoir vu l'affiche en était tombé raide mort ! « Pourvu que les autres ne le suivent pas dans cette voie, ce serait une hécatombe », pensa Heykal. Car ce n'était pas cela qu'il désirait. Tout en demeurant attentif à la moindre alerte, il observait avec une ironie bienveillante ce public de bourgeois vaniteux, imbu de ses pitoyables privilèges. A vrai dire, le casino c'était l'endroit à la mode et y être admis impliquait une appartenance à l'élite mondaine et fortunée de la ville. La fascination qu'exerçait sur lui la bêtise incroyable de cette foule finissait par lui faire croire à une fiction morbide ; cela ne pouvait être vrai. Tous ces gens étaient par surcroît d'une laideur intolérable ; la sorte de laideur définitive et sans rémission qu'aucun éclair d'une pensée altruiste ne viendrait jamais tempérer. Ils ne s'amusaient même pas ; ils étaient figés dans leur rôle, incrustés dans cette comédie lugubre qui se déroulait à leur insu. L'humanité était laide, Heykal en était convaincu depuis toujours, mais à ce point-là il considérait que c'était de la provocation.

Il tourna son regard vers la loge du gouverneur, comme vers quelque chose de plaisant à quoi se raccrocher. Il vit

Soad seule en compagnie de son père et du gouverneur. Les autres personnes qui étaient avec eux précédemment avaient disparu ; même la maîtresse du gouverneur, la chanteuse, appelée sans doute à son travail dans une boîte de nuit. La jeune fille était assise sur l'accoudoir du fauteuil occupé par le gouverneur et semblait le supplier de lui accorder quelque faveur, en usant de tout le charme de sa féminité précoce. Penchée sur lui, elle lui flattait le dos d'une main doucereuse comme on a coutume de faire avec un bossu pour s'attirer la chance. Le gouverneur, l'air horriblement gêné, se défendait comme un diable contre ces tentatives de séduction juvénile. Heykal n'arrivait pas à comprendre ce que Soad cherchait à obtenir de lui. Cela l'intriguait et il suivit un moment leur manège avec un intérêt amusé.

Le gouverneur appartenait à cette catégorie de personnages publics qui laissent pantois les caricaturistes les plus chevronnés. Ceux-ci n'avaient plus rien à faire ; leur imagination se trouvait débordée par le travail déjà accompli par la nature. De courte taille, bedonnant, les jambes torses, il avait un nez épaté et de gros yeux ronds perpétuellement écarquillés qui semblaient vouloir se projeter hors de leurs orbites. Quand il regardait un interlocuteur, ce dernier avait l'impression d'être agrandi un millier de fois par ces monstrueux objets globuleux, braqués sur lui comme s'il était un microbe malfaisant. En vérité, le gouverneur tâchait de se montrer éveillé dans une ville où tout le monde avait tendance à dormir. On ne pouvait pas dire qu'il ne voyait pas tout ce qui se passait autour de lui. Se prenant pour un aigle, il se devait de se donner le regard supposé à ce roi des airs. L'un de ses camarades de l'armée, promu ministre par la grâce d'une médiocrité agissante, l'avait nommé à ce poste de gouverneur. Ce fut pour lui l'occasion de se revancher sur toutes ces années d'inactivité ; il gouvernait la ville comme s'il eût gouverné une caserne de conscrits. Chaque jour il imaginait une interdiction nouvelle touchant toujours le pauvre peuple. On eût dit qu'il tentait une gageure. La seule chose qu'il n'eût pas encore osé toucher, c'était l'interdiction de jouer au tric-trac dans les cafés. On disait qu'il y pensait sans cesse, mais que son entourage essayait de l'en dissuader en lui affirmant que le tric-trac était une institution de caractère réactionnaire et, de ce fait, agréé par le gouvernement de la capitale.

A présent, Soad était debout près du fauteuil du gouverneur et tirait celui-ci par la manche, en lui indiquant de la tête la piste de danse. Heykal saisit enfin le but de ses supplications ; la jeune fille implorait le gouverneur de danser avec elle. Mais le gouverneur s'y refusait obstinément et s'efforçait de dégager son bras. Une terreur comique se lisait sur son visage de gnome. Heykal eut pour Soad une pensée admirative ; la jeune fille faisait son possible pour lui offrir un spectacle de choix. A un moment, elle regarda dans sa direction, un sourire malicieux sur les lèvres, comme pour lui faire remarquer la peine qu'elle se donnait pour son enchantement. Heykal dut s'avouer que voir danser le gouverneur était une véritable aubaine pour quiconque sachant apprécier le pittoresque local. Il rendit son sourire à la jeune fille en signe d'encouragement puis, de nouveau, se remit à observer le public.

Depuis quelques minutes, l'ambiance avait sensiblement changé. On discernait un imperceptible mouvement de nervosité parmi le personnel ; les garçons et les maîtres d'hôtel allaient et venaient dans des attitudes fort embarrassées. Plusieurs clients s'étaient levés en hâte et avaient pris le chemin de la salle de jeu. Heykal ressentait autour de lui les effluves d'une tension souterraine, comme un vent de panique et de mystère. Des gens qui parlaient haut se mirent soudain à chuchoter entre eux ; d'autres se turent complètement. Seul l'orchestre continuait son tintamarre assourdissant ; toutefois, certains ratés dans la cadence des musiciens laissaient supposer qu'eux aussi étaient conscients d'un malheur survenu dans les parages. Heykal en conclut qu'on avait découvert le cadavre de l'inconnu, mort dans les toilettes. Il eut un léger picotement au cœur à l'approche de ce qui allait suivre.

— Salut, Heykal.

Le jeune homme qui se tenait devant lui avait la beauté d'une gazelle sauvage ; son mince visage ondulait au-dessus d'un long cou, semblant présenter à la ronde l'extrême joliesse de ses traits menus. Il avait de grands yeux noirs et langoureux, à la paupière veloutée, dont il tirait des effets éblouissants. C'était une espèce de petit arriviste, un peu gigolo sur les bords, fréquentant chez les dames d'un certain âge et de fortune certaine. Il se nommait Riad. Une de ses ambitions était de se faire admettre dans l'intimité de Heykal, car il l'admirait sans réserve et tentait de l'imiter quand il se trouvait avec des interlocuteurs de passage ne connaissant pas le modèle. Heykal n'aimait guère sa compagnie et le tenait à distance, mais l'intérêt critique qu'il portait à tout ce qui se passait dans les cercles mondains de la ville le lui rendait précieux. Par l'entremise de Riad, il était au courant de toutes sortes de ragots et d'anecdotes ridicules qui proliféraient dans les hautes sphères gouvernementales. Riad étalait sans vergogne l'ampleur de ses relations, pensant éblouir Heykal par sa facilité de pénétration dans les milieux les plus huppés. Il ne lui venait jamais à l'esprit que Heykal vomissait cette engeance et ne s'y intéressait que pour satisfaire son humour sadique.

— Tu sais la nouvelle ? dit-il en s'installant à la table de Heykal.

— Non, mais j'espère que tu auras la bonté de me l'apprendre.

Riad prit son temps, battit des cils, ondula du cou comme il aimait le faire pour séduire un interlocuteur récalcitrant, mais se rendit compte assez vite qu'il lui fallait se presser. Dans les circonstances présentes toute circonlocution risquait de lui être nusible. Heykal apprendrait fatalement la nouvelle d'une minute à l'autre, et il perdrait ainsi le bénéfice de son information bénévole. Il lui était pénible de s'exécuter sans raffinement préalable, aussi se permit-il un léger détour de langage.

— Eh bien, voilà, le gouverneur va être bien content !

— Pourquoi ? interrogea Heykal. Il ne l'est pas encore assez ?

— Son pire ennemi vient de mourir, lâcha enfin Riad. Tu le connais sûrement. C'est Abdel Halim Makram, le riche industriel. Il a succombé à une crise cardiaque dans les toilettes de la salle de jeu.

— Il l'a bien mérité, dit Heykal. Quel imbécile ! Comment peut-on être l'ennemi du gouverneur : un homme si réjouissant !

— Tu n'es donc pas au courant ? Le gouverneur lui a enlevé, il y a quelques mois, sa maîtresse, ce vieux vestige d'Om Khaldoun, la chanteuse. C'est avec elle que le gouverneur se pavane en ce moment.

— Mais tout le monde prétend qu'Abdel Halim est impuissant.

— Ça ne fait rien. Il ignorait, lui, que tout le monde le savait. Par contre, il était sûr que la chanteuse l'avait appris au gouverneur. De la part d'une femme c'était immanquable. Aussi lui vouait-il une haine solide. Ces vieux bonshommes sont terribles lorsqu'il s'agit de leur virilité.

Tout en bavardant avec le jeune homme, Heykal ne perdait pas de vue la loge du gouverneur. Le moment approchait où la mort d'Abdel Halim ne serait plus un secret pour personne. Cela le passionnait de savoir de quelle façon réagirait le gouverneur à l'annonce de la nouvelle. Soad avait renoncé à son magnifique projet de faire danser le gouverneur ; elle était assise tranquillement près de son père et écoutait avec une moue désabusée les deux hommes engagés dans une discussion hargneuse. La figure chagrine du gouverneur attestait un profond malaise dû à sa vanité blessée ; son interlocuteur, suivant son habitude, devait l'abreuver de sarcasmes. Il se tortillait la moustache et levait parfois la main comme pour détourner de lui ce flot d'éloquence offensante. Heykal vit Soad bâiller avec une parfaite inconscience, montrant ostensiblement son ennui. Dans leur loge séparée du public, ils paraissaient les seuls à ne pas être atteints par l'inquiétude ambiante.

— La virilité, dit Heykal. Ce pauvre Abdel Halim ne s'était jamais douté qu'il avait perdu la sienne parce qu'il la prodiguait aux appâts décatis d'une vieille femme. Son snobisme — c'est-à-dire être l'amant d'une chanteuse célèbre — obnubilait en lui toute autre considération. Coucher avec une jeune inconnue dont personne ne parlait, mais qui aurait satisfait son désir d'homme, ne lui paraissait pas digne de sa fortune. Il craignait qu'on ne l'accusât d'avarice. Au fond, il ne cherchait qu'à épater ses concitoyens.

— Tu as très bien expliqué son cas, dit Riad. Mais ce n'est pas tout. Figure-toi qu'on a découvert placardée au-dessus de l'urinoir une affiche avec le portrait du gouverneur accompagné d'un texte exaltant ses mérites. Etrange coïncidence, tu ne trouves pas ?

— Que veux-tu dire ? Que c'est le portrait du gouverneur qui est responsable de la crise cardiaque ?

— Indubitablement. Abdel Halim était sans doute ivre. La tête du gouverneur l'observant en train de pisser lui a rappelé, peut-on dire, l'objet de leur litige et a dû provoquer en lui un choc terrible.

— C'est une conception assez plaisante, concéda Heykal.

— Mais c'est un crime ! On peut sans se tromper affirmer que le gouverneur l'a tué. Indirectement, soit. N'empêche que les choses se sont passées ainsi. Qu'est-ce que tu penses de mon idée ?

De nouveau, Riad battit des cils comme une jeune catin débutante ne connaissant que ce truc pour s'ouvrir une carrière. Il voulait démontrer à Heykal qu'il était doué d'esprit critique et qu'il savourait l'humour aussi bien que lui. Mais son plan ingénieux tomba à plat, ne soulevant chez son compagnon aucun enthousiasme.

— Tu ne dis rien ? fit-il d'un air désolé. J'aurais cru qu'une pareille histoire était faite pour te plaire.

— Elle me plaît énormément, dit Heykal pour ne pas décevoir tout à fait le jeune homme.

Riad sourit avec espoir, mais sans battre des cils, c'était inutile. Il se lança dans une violente diatribe contre le gouverneur, certain que Heykal l'approuverait.

— Le gouverneur se fait une réclame éhontée, dit-il. Il nous prend pour des imbéciles. Ce que j'ai lu sur cette affiche est d'une sottise prodigieuse. C'est proprement stupéfiant. Cet homme va un peu loin dans l'abus du pouvoir, tu ne crois pas ?

— Mon cher Riad, tu es encore trop jeune pour savoir apprécier la valeur de cet homme, répondit Heykal. C'est un être exceptionnel et il sait ce qu'il fait. Je l'admire chaque jour davantage. Laisse-moi te dire que ton ingénuité me peine.

Les traits fins et efféminés de Riad exprimèrent un désappointement sans bornes, comme si on venait de lui apprendre sa propre mort ; plus que cela même : l'écroulement d'une éthique qu'il croyait partager avec Heykal. Il chercha vainement une riposte appropriée à cette condescendante allusion à sa jeunesse, mais sa pensée fut soudain troublée par le rugissement lointain d'une sirène d'ambulance faisant route vers le casino. Elle s'amplifiait à mesure qu'elle se rapprochait, déchirant l'air de sa plainte angoissée et douloureuse. A ce rugissement annonciateur de désastres, les gens autour d'eux s'étaient figés dans l'expectative. Riad toisa Heykal, ondula du cou et reprit une attitude satisfaite comme si le bruit de la sirène prouvait la véracité de son récit. Mais Heykal avait tourné la tête vers la loge du gouverneur et semblait médusé par le spectacle qui s'offrait à lui. Le gouverneur, debout sur son fauteuil et dressant la taille, parcourait l'assistance de ses gros yeux globuleux, comme s'il tentait de déceler d'où venait le danger ; il donnait l'impression de vouloir mater une révolte. Soudain la sirène se tut et Soad éclata de rire en regardant Heykal. Celui-ci capta le regard de la jeune fille et son sourire se fit plus narquois que jamais.

IX

Ce matin-là, en regardant la mer du haut de sa terrasse ensoleillée, Karim avait eu l'intuition d'une journée fertile en événements cocasses. Aussi, pour donner à ces événements la chance de se produire, marchait-il d'un petit pas égal, s'arrêtant parfois à l'ombre des arbres qui bordaient la longue avenue poussiéreuse. L'œil aux aguets, tous ses sens tendus vers l'imprévisible, il s'intéressait aux moindres détails du spectacle vertigineux qui se déroulait autour de lui. Toute une population laborieuse — ou se prétendant telle — le croisait, le bousculait, le noyait dans une débauche de paroles et de gestes d'un fatalisme insondable. C'était ainsi que Karim était le plus heureux. Rien ne lui faisait plus de plaisir que de déambuler dans les rues à l'affût de circonstances fortuites et savoureuses. Tout ce qu'il voyait et entendait lui procurait un bonheur indicible et provoquait sa jovialité. Des boutiques de commerçants, plongées dans la pénombre et pareilles à des antres mystérieux, éveillaient dans son imagination des images de luxure et de raffinements amoureux. Il s'attardait sur leurs seuils dans l'espoir de glaner quelques visions palpitantes. Mais ce qu'il recherchait par-dessus tout, c'était quelque incident sans conséquence, prétexte à des joutes oratoires. Il aimait entendre les réflexions échangées entre les protagonistes, s'invectivant en termes imagés. Il y avait surtout une phrase qu'il était sûr d'entendre chaque fois qu'il assistait à une altercation entre deux hommes. Quelle que fût leur condition sociale — et la plupart du temps il s'agissait de l'engeance la plus déshéritée — il y en avait toujours un qui disait à l'autre d'un air de dignité offensée : « Sais-tu qui je suis ! » Cette phrase ravissait Karim ; il s'ingéniait depuis longtemps à découvrir la genèse d'une si agressive fatuité. Cela lui paraissait impensable. Dans cette ville, le moindre va-nu-pieds se prenait pour un personnage important. Jusqu'au gouvernement qui baptisait voie stratégique une misérable corniche au bord de la mer. Décidément la folie des grandeurs venait de très haut. Cette vaniteuse racaille avait de qui tenir ; elle suivait l'exemple de son gouvernement.

Ce n'était pas dans un but de promenade que Karim se trouvait acculé — à une heure si matinale — dans cette artère foudroyée par le soleil, grouillante d'une foule désabusée, marchant au ralenti dans la chaleur et la poussière. La veille, il avait reçu une convocation des services gouvernementaux avec ordre de s'y présenter pour être interrogé sur une affaire le concernant. Cette convocation ne l'avait guère inquiété ; il s'y attendait. C'était la suite de l'enquête que la police menait sur son compte, à cause de cette damnée voie stratégique. Il s'était donc mis en route bien avant l'heure indiquée, afin de savourer à loisir l'ambiance drolatique de la rue, et se préparer à cet interrogatoire duquel dépendait son installation définitive dans son nouveau logis. Tout en flânant, il se demandait si le vieux policier asthmatique qui, au risque de se tuer, avait gravi ses six étages une semaine auparavant, avait tenu sa promesse et rédigé un rapport favorable. Se montrerait-il ingrat après avoir accepté son cerf-volant ? Karim se remémorait la scène, l'hésitation douloureuse du vieil homme qui croyait qu'on voulait le soudoyer. L'idée d'avoir réussi à corrompre un policier dans l'exercice de ses fonctions le fit rire, mais ce fut un rire bref ; il ne se sentait pas tout à fait tranquille. Il lui faudrait encore répondre à des questions oiseuses, se lamenter et pleurnicher pour faire oublier son passé de révolutionnaire. Cela demandait une certaine préparation. Avec la conscience d'un comédien répétant enfin un rôle à sa mesure, il prit un air humble, donna à son visage une expression d'homme catastrophé, ployant sous le fardeau de ses responsabilités. Malheureusement, il n'y avait aucun miroir, aucune glace de vitrine où il eût pu se voir. Répéter un rôle aussi important pour son avenir sans être en mesure de corriger certaines erreurs minimes, certes, mais pouvant se révéler néfastes, lui parut une tâche ardue et fastidieuse. Il tenta de reprendre son air habituel, sourit largement afin d'effacer l'expression souffreteuse de son visage. D'une façon ou d'une autre, il était sûr de les dégoûter, tous ces policiers obtus qui voulaient le chasser de son logement confortable et le rejeter dans un taudis des bas-fonds de la ville. Il tenait à sa spacieuse terrasse et au vent du large, éléments essentiels pour expérimenter ses modèles de cerfs-volants. D'ailleurs, c'était devenu à présent pour lui une question d'honneur. Surtout à cause de cette dénomination de voie stratégique d'une candeur ineffable. Une histoire pareille était vraiment trop belle pour qu'il ne se sentît pas le désir d'en sonder jusqu'au bout l'énorme bêtise. Le principal était de se conformer à l'usage, de se montrer inoffensif et cauteleux, presque dégénéré. Se méfier de prononcer le moindre mot intelligent. Ça, c'était le grand péril. L'intelligence, ça les offusquait comme un crachat à la face. Mais comment cacher la lueur narquoise de ses yeux ? Des lunettes noires ? Prétendre qu'il était atteint de trachome ? Voilà une idée merveilleuse ; pourquoi n'y avait-il pas songé plus tôt ? C'était trop tard maintenant et, de toute façon, il n'avait pas d'argent pour s'acheter des lunettes.

De temps en temps, son regard accrochait l'une des affiches qu'il avait collées la veille en prévision de son passage dans l'avenue. Pavoiser sa route avec les portraits du gouverneur lui avait semblé une riche idée, pleine de réjouissance pour sa future marche vers le gouvernement ;

mais à présent il regrettait d'avoir œuvré à cette hideuse décoration qui lui sautait aux yeux à chaque pas, comme une réclame de l'enfer. Tous ces portraits lui donnaient le cafard ; c'était trop démoralisant. Quelques-uns d'entre eux avaient déjà subi les outrages du vandalisme populaire. On en voyait où les yeux du gouverneur avaient été arrachés, d'autres où on l'avait affublé d'une barbe. Ces perfides fioritures ne l'avaient abîmé en rien ; il était toujours reconnaissable. Depuis l'apparition de ces affiches, il était devenu aussi célèbre qu'une vedette de cinéma. Même les enfants huaient son portrait, le prenant pour le traître d'un film d'aventures. Cette singulière façon d'agir, venant d'enfants perturbateurs, ne gênait guère les autorités ; ce qui les gênait, c'était que les affiches provoquaient des attroupements de gens hilares, prompts aux quolibets et aux propos satiriques. A maintes reprises, la police avait dû intervenir et arrêter quelques individus qui riaient plus fort que les autres, sous l'inculpation d'usage de stupéfiants. Ce qui était d'ailleurs assez vrai. Il y avait toujours deux ou trois fumeurs de haschisch dans la cohue, pour qui le portrait du gouverneur ouvrait des perspectives de joie paradisiaque. Ceux-là, nul ne pouvait empêcher les éclats de leur rire tonitruant, pas même les matraques des policiers, furieux de voir les effets de la drogue contaminer la partie saine de la population, sans doute médusée par tant d'éloges immérités, mais restant honnêtement sur la réserve. Ces tournois d'hilarité collective, qui prenaient naissance aux moments les plus inopportuns, allant jusqu'à créer des embouteillages sur la voie publique, soumettaient les autorités à une rude épreuve. Les sbires du gouverneur se morfondaient, ne comprenant strictement rien à cette initiative déloyale, indigne de révolutionnaires patentés, et qui frisait l'abus de confiance.

Soudain, Karim s'arrêta ; il venait d'apercevoir à quelques mètres devant lui un coiffeur ambulant installé avec son matériel à l'ombre d'un arbre de l'avenue, et cette vision avait fait naître en lui l'idée de se faire couper les cheveux. Il lui apparaissait tout à coup d'une nécessité majeure de se présenter aux services gouvernementaux avec une apparence soignée qui refléterait les sentiments d'estime qu'il éprouvait envers les autorités. Les cheveux, c'était primordial. C'est à ses longs cheveux qu'on reconnaissait l'esprit tortueux et aigri d'un révolutionnaire. Les siens étaient un peu trop broussailleux dans le cou et sur les tempes. Cela ne faisait pas sérieux. Quelle erreur grave allait-il commettre là ; comment sauraient-ils qu'il s'était amendé s'ils le voyaient avec cette coiffure digne d'un intellectuel dévoyé. Une bonne coupe, presque à ras du crâne comme celles des bagnards, ferait une impression décisive et leur donnerait une preuve concrète de son loyalisme. Un seul homme était capable de réussir cette merveille : ce coiffeur ignare, avec sa tondeuse dévastatrice.

Karim s'avança gaiement, ravi de sa décision.

Le coiffeur était en train de raser un petit homme malingre, à la figure morose, vêtu d'un costume sombre et râpé, dénotant une noble misère. Assis sur un tabouret de bois et le dos appuyé au tronc de l'arbre, l'homme gardait les yeux fermés, donnant l'impression de subir un affreux martyre. Il portait sur ses genoux un dossier sur lequel il avait posé bien en évidence son tarbouche élimé, signe distinctif de son état de fonctionnaire, comme s'il craignait d'être assimilé à la racaille environnante. Le coiffeur, l'échine courbée devant son client, et avec les gestes méticuleux d'un embaumeur manipulant un cadavre, lui passait sur les joues un rasoir à la lame si ébréchée qu'elle rendait un bruit de scie mécanique. L'arrivée de Karim ne sembla nullement les déranger ; aucun d'eux ne répondit à son salut. Un peu étonné par cet accueil, mais confiant dans la suite des événements, le jeune homme s'affala sur l'autre tabouret vacant réservé à la clientèle et attendit. Aussitôt il ressentit comme l'effet d'un subtil changement d'atmosphère ; une incroyable félicité l'envahit, se muant peu à peu en un irrésistible besoin de sommeil. La fraîcheur de l'ombre, l'odeur du savon à barbe, mêlée aux senteurs des cosmétiques parfumés à la violette, l'imprégnaient d'une douceur de vie bucolique. Dans cette chaleur de fournaise, la boutique du coiffeur — bien qu'en plein air — semblait un jardin de délices, un lieu de voluptueuses rêveries. Karim aurait voulu rester là le plus longtemps possible, sans bouger, à regarder dans une semi-conscience les passants qui circulaient alentour, se démenant comme des damnés voués au feu éternel. Il en était à savourer cette détente exquise, lorsqu'il fut tiré brutalement de sa torpeur par une charrette à âne venue s'arrêter à grand fracas au bord du trottoir. Karim vit le charretier bondir à terre, dételer son âne et, le tenant par le cou, l'amener dans l'ombre de l'arbre, presque sous son nez.

— Maître Abdou, dit le charretier d'une voix gutturale, auras-tu bientôt fini ? Il a besoin d'être tondu, ce fils de garce !

— Tout de suite, répondit le coiffeur en jetant un coup d'œil sur ce nouveau client à quatre pattes. Encore une minute et je m'occupe de lui.

L'âne, soit par coquetterie, soit parce qu'il comprenait qu'on parlait de lui, se mit à braire d'une façon continue et fort désagréable pour les oreilles de Karim. Au bout d'un moment, le jeune homme ne put se retenir de lancer à l'adresse du charretier :

— Il braie comme ça tout le temps, ou est-ce son anniversaire ?

— Il a chaud, dit le charretier. C'est un vieil âne, mais il est brave.

Le charretier était une brute épaisse, incapable d'apprécier le sarcasme. Karim en fut ulcéré ; il s'attendait à quelque réplique prestigieuse et amusante. Devant la pauvreté intellectuelle de son interlocuteur, il prit un air navré et dit :

— Je n'en doute pas. Mais essaye quand même de le faire taire ; c'est insupportable !

Le charretier tapota le dos de l'âne, le berça de paroles

suaves comme s'il dorlotait sa maîtresse, lui faisant miroiter de monstrueux festins de luzerne. L'âne se calma peu à peu et se mit à mastiquer à vide toutes ces promesses fallacieuses. Pendant ce temps le coiffeur en avait terminé avec son client, lequel remettait son tarbouche et se défilait, son dossier sous le bras, à la vue de cette altercation naissante. Visiblement il ne tenait pas à être compromis dans une bagarre à propos d'un âne.

Maître Abdou saisit sa tondeuse et s'approcha de l'âne avec le regard névrosé de l'artiste s'attaquant enfin à un sujet grandiose. Mais avant qu'il pût commencer sa besogne, Karim l'avait arrêté d'un geste et s'était levé de son tabouret.

— Qu'est-ce que ça signifie, ô homme ! J'étais là avant lui. Je suis pressé, moi.

— Excuse-moi, Effendi, dit le coiffeur. Mais c'est un vieil habitué, je ne peux pas le faire attendre.

— Il attendra. Je te répète que je suis pressé.

— Cet âne est plus pressé que toi, jeune homme, dit le charretier.

— Pourquoi ? s'enquit Karim. Il va à une noce ?

— Nous n'avons pas le temps d'aller à des noces, répliqua le charretier sur un ton grandiloquent. Nous travaillons, nous !

L'âne se remit à braire, comme s'il se sentait fier des prérogatives dont il était l'objet. Le coiffeur lui passa la tondcusc lc long du dos cn lui chantonnant dcs gcntillcsscs d'une voix aphone. Karim, bien que feignant l'indignation, commençait à être vraiment agacé par tous ces soins qu'on prodiguait à l'âne. Qu'était donc cette bête ? Un âne gouvernemental, un ministre peut-être, venu incognito se rendre compte de l'état d'esprit de ses administrés ? Cela n'aurait eu rien d'étonnant, vu le traitement exceptionnel dont il bénéficiait auprès du coiffeur. La situation paraissait à Karim complètement insensée ; il s'était enfoncé dans un labyrinthe et il lui fallait concevoir un moyen habile de s'en sortir sans trop de dégâts. Cependant il ne pouvait se décider à partir comme ça, sans insister, laissant derrière lui un terrain de dialectique aussi fructueux et qui ne demandait qu'à être fécondé. Une pareille occasion de se distraire ne se représenterait peut-être plus de la journée.

Il souleva sa manchette, fit semblant de regarder une montre à son poignet et reprit, à l'adresse du coiffeur :

— Tu te rends compte, ô homme ! J'ai rendez-vous avec le gouverneur. Et tu me fais passer après cet âne !

— Quel gouverneur ? demanda le charretier de l'air de quelqu'un franchement étonné d'apprendre l'existence d'un tel personnage.

— Comment, quel gouverneur ! explosa Karim. Mais le gouverneur de cette ville !

— Cette ville est gouvernée ! fit le charretier. Ne me dis pas ça, jeune homme ; je ne pourrais te croire.

— Voilà bien notre déchéance ! s'écria Karim. Ce sont les gens comme toi qui font de nous un peuple de sauvages !

La loufoquerie atteignait à son comble, mais Karim se sentait incapable d'arrêter le mécanisme qu'il avait déclenché. Un démon familier le poussait à s'engluer davantage, à rechercher jusqu'où pouvait aller cette conversation absurde. De plus, il hésitait à quitter la fraîcheur de l'ombre pour se lancer dans l'atmosphère torride de l'avenue et les ennuis d'un interrogatoire de police.

— Je m'en vais, dit-il sans conviction. Mais il restait là, attendant il ne savait quoi, comme si de cette situation allait jaillir une lueur fulgurante qui lui révélerait la face secrète de l'humanité.

— Attends, Effendi, dit le coiffeur, lequel avec sa tondeuse enlevait à l'âne de grosses touffes de poils. J'ai bientôt fini. Ça va être ton tour maintenant.

— Je ne passerai jamais après un âne, répondit fièrement Karim. Tu n'a pas l'air de savoir à qui tu parles !

Le coiffeur réfléchit un instant, la tondeuse en suspens,

les traits torturés par une pointe d'appréhension. Il demanda, intrigué :

— Qui donc es-tu, Effendi ?

— Je ne vais pas perdre mon temps à te l'apprendre, lança Karim avec désinvolture. Occupe-toi de cet âne. C'est la clientèle que tu mérites !

— Est-ce que par hasard tu insulterais mon âne ! vocifera le charretier la mine sauvage. Qui donc es-tu pour oser insulter un travailleur ?

Le mot était lâché : un travailleur ! Ainsi, dans l'esprit de cette minable engeance, l'âne avait droit au respect, non pas en tant qu'animal, mais pour sa noble condition de travailleur. Pendant quelques secondes, Karim resta ébloui par l'extrême succulence de cette réplique qui le soulageait enfin de sa longue attente. Puis il tourna le dos aux deux hommes et se jeta délibérément dans la fournaise. Il était rassuré sur la santé du monde.

Il ne pouvait plus se permettre de travailler maintenant. Cette séance chez le coiffeur l'avait retardé, et il fut obligé de presser le pas pour arriver aux bâtiments gouvernementaux à l'heure indiquée sur sa convocation. Il se sentait ragaillardi, plein d'optimisme, assez en forme en tout cas pour affronter tous les policiers retors et féroces qui prendraient la peine de l'interroger. Profitant de l'allégresse qui l'inondait, il se mit presque à courir, s'ouvrant un difficile chemin dans la cohue nonchalante qui obstruait l'avenue.

Il s'arrêta, hors d'haleine, pour inspecter le grand bâtiment blanc surmonté d'un drapeau, siège du gouvernorat. Il y avait longtemps qu'il n'y était pas venu ; et il hésitait à en franchir le seuil, se rappelant de quelle allure dédaigneuse il y entrait dans le passé, quand il était un révolutionnaire téméraire et arrogant. A ce souvenir il eut honte de sa bêtise d'alors. Comment avait-il pu être aussi borné pour ne pas comprendre qu'ils étaient les plus forts, et que son attitude bravache ne pouvait que les charmer et en même temps le desservir en le mettant sur le même plan que ses bourreaux ? Heureusement, ce temps lointain était révolu ; il allait les étonner au point de les rendre fous. Baissant la tête, l'air humble et craintif, il s'engagea à travers la porte monumentale ouverte à deux battants comme un piège prêt à se refermer sur sa proie. Un frisson le secoua et une sueur froide lui parcourut l'échine. Ce n'était pas la peur, mais l'effet de son brusque passage dans l'ombre humide du grand bâtiment. Il se ratatina encore plus, se camoufla en un citoyen sans idées et sans ambitions, créature soumise à son destin et craignant par-dessous tout les autorités. Dans ce nouveau personnage il ne se distinguait point des autres individus qui emplissaient la vaste salle du rez-de-chaussée, allant et venant comme des figures de cauchemar, l'œil fixe et terne, ballottés d'un bureau à l'autre, livrés à la vindicte d'un sort capricieux. Karim agit comme quelqu'un connaissant les lieux ; sans s'inquiéter de demander son chemin, il gravit le large escalier de pierre qui lui faisait face et monta au second étage. Un planton, assis derrière une table, lisait son journal sans qu'un muscle de son visage ne bougeât ; sans doute ne savait-il pas lire et faisait-il seulement semblant. Karim lui tendit sa convocation. L'autre la prit, y jeta un coup d'œil oblique, et dit dans un murmure :

— Suis-moi.

Karim le suivit en silence, maintenant sans peine son personnage de pauvre hère inoffensif. Le planton ouvrit une porte, laissa passer Karim, puis la referma doucement derrière lui, comme s'il ne voulait pas réveiller un dormeur. Karim fut pénétré par l'odeur caractéristique de la salle d'interrogatoire : odeur indéfinissable, plus mentale qu'olfactive, donnant à croire que l'absurdité humaine émettait des effluves nauséabonds. Des gens de toutes sortes et de toutes provenances attendaient sur des bancs alignés contre les murs, figés dans une résignation si démesurée qu'elle en semblait factice. On eût pu penser qu'ils étaient là depuis une éternité tellement leur apparence était poussiéreuse et leur habillement vétuste ; ils ressemblaient à des sculptures d'un autre âge retirées récemment de quelques fouilles. Karim les contempla un instant de l'air hébété de quelqu'un visitant pour la première fois des reliques dans une catacombe. Il tira son mouchoir de sa poche et épongea la sueur de son front pour se prouver à lui-même qu'il était encore vivant ; mais aussitôt il comprit la sinistre vérité : tous ces gens jouaient la même comédie que lui ; s'ils se taisaient et exhibaient cette physionomie blafarde, c'était dans l'espoir chimérique qu'on les crût morts. Il n'y avait pas d'autre attitude possible qui offrît moins de prise aux griffes de la tyrannie. Karim admira leur art du simulacre et, trop heureux de reluquer de si près ces modèles d'humilité exemplaire, il alla s'asseoir à une place vide sur l'un des bancs et adopta leur pitoyable posture. Pendant un moment il demeura immobile, essayant de faire corps avec cet assemblage disparate de victimes silencieuses, puis, avec beaucoup de circonspection, il risqua un coup d'œil vers le fond de la salle. Assis derrière son bureau, un officier de la sécurité en uniforme s'épuisait à interroger un type aux yeux chassieux et à l'allure de squelette rapiécé, qui paraissait être l'espion d'un pays pauvre et désertique. Un peu en retrait, deux gendarmes aux moustaches viriles se tenaient debout, dans la position réglementaire. Karim reconnut l'officier : c'était Hatim, celui-là même qui s'était occupé de lui naguère. Cette découverte le surprit et le contraria en même temps ; il croyait que le nouveau régime avait eu le bon sens de changer aussi ses policiers. Quelle naïveté ! Il aurait dû pourtant savoir une chose aussi simple : la toute-puissance permanente de la police et sa survivance à tous les régimes.

Du fond de la pièce, la voix de Hatim lui parvenait coléreuse et cinglante ; l'officier semblait avoir des déboires avec son client. Karim entendait ce dernier pousser un long soupir en réponse aux interrogations répétées de son tortionnaire, comme si son état de consomption avancée l'empêchait d'articuler la moindre parole. Hatim faisait une drôle de tête en face de cet espion famélique et muet. Pour ne pas éclater de rire, Karim devait se rappeler sa propre situation ; elle n'était guère reluisante. Il lui fallait réviser tous ses plans. Comment allait-il jouer la comédie à Hatim ? Celui-ci le connaissait bien, il ne marcherait jamais dans sa combine. Sa métamorphose tant morale que physique, même après tant d'années, allait lui paraître suspecte au plus haut point. Peut-être devrait-il nuancer son jeu, y introduire une parcelle de dignité, de cette dignité que Hatim dans sa cruauté barbare aurait eu plaisir à briser. Karim décida qu'il lui ferait ce piètre cadeau d'estime.

Sans qu'on s'y attendît, Hatim en eut assez tout à coup de son espion et le livra, d'un geste rageur, à l'un des gendarmes de garde. Un moment, il parut se détendre, respirer plus à l'aise, comme libéré, puis son regard alla scruter chacun des individus assis sur les bancs. On eût dit qu'il cherchait quelqu'un spécialement, car, à chaque fois, il hochait la tête avec une moue de désappointement. Soudain une étincelle brilla dans ses yeux ; il venait de discerner Karim dans cet amalgame de déchets humains. Ses narines frémirent, un mince sourire effleura ses lèvres, et il y eut en lui comme une nouvelle vigueur, un regain d'agressivité.

— Karim Effendi ! hurla-t-il en désignant du doigt le jeune homme.

Karim se leva et vint se mettre debout devant le policier.

— Salut, Excellence ! dit-il de son ton le plus humble, les yeux baissés, dans l'attitude de la plus parfaite contrition.

L'officier parut un peu interloqué ; il regarda attentivement Karim comme s'il s'était trompé sur son identité.

— Il me semble que je rêve ! dit-il. Tu n'avais pas cet air-là dans le temps. Qu'est-ce qu'il t'arrive ?

Karim garda les yeux baissés et ne dit rien. Il avait conscience que de sa première réponse dépendrait tout le reste de l'interrogatoire. Il cherchait ses mots quand Hatim reprit :

— Assieds-toi. Tu ne sais pas à quel point je suis content de te voir.

Karim s'assit sur la chaise que l'espion venait de quitter et leva vers l'officier un regard d'une indéniable sincérité.

— J'ai compris que j'étais dans l'erreur, Excellence ! Est-ce que la police ne peut pas m'oublier ?

— T'oublier ! s'exclama Hatim. Mais tu as laissé des souvenirs inoubliables ! Tu étais prêt à tout démolir. Tu m'avais promis de me faire pendre une fois que tes amis seraient au pouvoir. Ce sont tes propres paroles ou est-ce que je me trompe ?

— Ce sont des bêtises, dit Karim. Je rigolais, Excellence ! Comment pouvais-tu croire que je parlais sérieusement ?

— Qu'est-ce que tu me racontes ! Me prends-tu pour un imbécile ?

— Que Dieu m'en garde, Excellence ! J'ai pu dire ces choses dans un moment d'égarement. Et puis, la conjoncture n'était pas la même. Tu oublies, Excellence, que c'était sous l'ancien régime.

— La belle affaire ! Es-tu un révolutionnaire, oui ou non ? Peux-tu m'expliquer en quoi le nouveau régime te plaît plus que les autres ?

— C'est difficile à expliquer, avoua Karim d'un ton piteux. Mais ça se sent, il n'y a pas de doute. Un bon régime, ça change même l'atmosphère. Par exemple, tout à l'heure, en marchant dans la rue, il me semblait qu'il faisait moins chaud que dans le temps.

— Ah ! il fait moins chaud ! C'est tous les bienfaits que tu trouves au nouveau régime ?

— Le nouveau régime a sans doute promulgué d'autres bienfaits, mais peut-être n'en suis-je pas digne, Excellence.

Ça c'était parler ; Karim en était presque fier de sa trouvaille. Cependant l'officier s'était assombri ; l'humilité dont faisait montre le jeune homme le déroutait. Est-ce que par hasard il ironisait ? Improbable. Il connaissait très bien la mentalité de Karim, rien ne le destinait à s'embarquer dans des considérations aussi triviales. Alors quoi ? Il y avait là un mystère contre lequel il butait depuis un moment, et qu'il eût aimé élucider avant d'aller plus loin.

Hatim s'était attendu à un combat avec un adversaire rétif, et il retrouvait devant lui une larve. Malgré son rôle de policier, il avait eu l'occasion, à une certaine époque, d'admirer le courage, l'indomptable esprit révolutionnaire qui animait le jeune homme. Et il avait été heureux de se mesurer de nouveau avec lui. Il apprenait un tas de choses sur ces révolutionnaires ; des choses très bonnes pour son avancement. En haut lieu, Hatim passait pour avoir étudié tous les traités relatifs à l'action subversive ; on le prenait pour un officier éminemment cultivé, capable de tenir tête aux funestes théories de tous ces jeunes fous qui voulaient renverser le pouvoir. En vérité, toutes ses connaissances en la matière se résumaient aux bribes arrachées à l'interrogatoire de quelques prévenus politiques. Aussi en voulait-il à Karim de son attitude grotesque. Ce fils de putain ne l'avait éclairé sur rien de positif dont il pût faire étalage devant ses supérieurs. Qu'il faisait moins chaud que sous les autres régimes ? Ils se moqueraient de lui, bien sûr.

La colère bouillonnait en lui, mais il se contint. Il fixa le jeune homme avec l'anxiété d'un médecin aliéniste cherchant à déceler chez un malade le moindre éveil de lucidité. Mais Karim n'eut aucune réaction ; il gardait toujours la pose : humble, tragiquement pitoyable. Les yeux de Hatim s'écarquillèrent ; il était au comble de la déception. C'est avec un réel déplaisir qu'il se voyait contraint d'admettre le repentir du jeune homme. Cependant rien encore ne l'obligeait à y croire. Sinon ça serait trop facile. Un révolutionnaire ça ne change pas ; du moins pas de cette façon ; c'était de la même nature qu'un policier. Les régimes politiques n'avaient rien à voir là-dedans.

Il poussa un soupir de commande, signifiant qu'il n'abdiquait pas encore. Puis il ouvrit un dossier posé devant lui et le compulsa d'un œil pénétré et sagace. A mesure qu'il lisait, son visage devenait plus pensif, plus préoccupé, comme si la recherche d'un indice pouvant remettre l'interrogatoire dans son cours normal avait acquis une importance dramatique. Soudain il leva la tête et fixa de nouveau le jeune homme, un éclat de passion dans les yeux. Il semblait être sur la trace d'un délit particulièrement grave. Karim simula un léger frémissement de crainte ; il s'offrait le luxe de gâter son adversaire.

— D'après le rapport de l'agent qui t'as rendu visite, il paraît que tu travailles. Tu fabriques des cerfs-volants. C'est bien ça ?

— C'est dur de gagner sa vie, Excellence. Je fais ce que je peux.

— Eh bien, parle-moi un peu de ces cerfs-volants. Comment sont-ils ?

Le regard soupçonneux de Hatim — ajouté à sa question stupide — atteignait au sublime d'un mauvais mélodrame. Karim n'avait pas prévu cela. Est-ce que l'officier le suspectait d'user de ces cerfs-volants pour photographier des objectifs militaires ? Pourquoi pas ? Tout était possible dans le domaine de la fantaisie policière.

— Ce sont de petits cerfs-volants, Excellence. Complètement inoffensifs. Qu'est-ce que tu croyais !

— Ne t'inquiète pas de ce que je crois. Mais dis-moi plutôt à quoi ils servent.

— Ils servent à amuser les enfants, rien de plus.

Hatim ne sembla pas convaincu, et Karim souffrit de ne pouvoir exhaler le rire énorme qui l'étouffait. L'officier continuait à le considérer avec méfiance ; il ne croyait pas à la simplicité de son histoire. Il avait la certitude que ces cerfs-volants servaient à quelques trafics mystérieux, mais il hésitait à se lancer sur ce terrain mouvant, plein d'embûches, au risque d'y perdre son prestige. Il fit un geste de la main comme pour chasser une mouche ; c'était sa manière de régler les cas épineux.

— Laissons cela pour l'instant, dit-il. Et dis-moi ce que tu penses de la situation en général. Parle franchement.

— Je pense que tout va bien, Excellence. Vraiment je ne vois rien qui aille mal. Mon impression est que le peuple jubile ; il offre l'image d'un bonheur parfait.

— Eh bien, laisse-moi te dire que tu es trop optimiste. Il y a encore des salopards, des aigris qui continuent à s'agiter. Il paraît qu'ils ne sont pas contents du nouveau régime non plus. Qu'est-ce qu'il faut donc faire pour leur plaire, je te le demande !

— Je ne sais pas, Excellence. Je ne m'occupe plus de politique. Je vais bientôt me marier.

Ces derniers mots firent sur Hatim l'effet d'une catastrophe.

— Tu vas te marier ? demanda-t-il le visage révulsé par le dégoût.

— Oui, Excellence, répondit Karim avec la voix d'un homme qui va se suicider.

Hatim referma son dossier d'un coup sec. Par ce geste il semblait avoir banni le jeune homme de son univers. Il dit, le regard déjà lointain :

— Eh bien, pour le moment, tu peux rester où tu es. Mais attention, à la moindre incartade je te fais déguerpir de ton logement.

Karim s'apprêtait à le remercier quand, juste à ce moment, une porte s'ouvrit et le gouverneur en personne fit son apparition. Hatim se leva, entraînant avec lui Karim, ainsi que l'ensemble des types prostrés sur les bancs. Durant quelques secondes, le gouverneur resta debout sur le seuil de son bureau, inspectant la salle de ses yeux exorbités ; puis il se mit en marche, trottinant sur ses jambes torses, comme s'il chevauchait un cheval. Mais à l'instant où il arrivait à la hauteur de Karim, celui-ci, comme mû par une impulsion subite, se précipita sur lui, saisit sa main et la baisa en murmurant quelques paroles inintelligibles. Ensuite il revint à sa place et respira avec componction comme un homme accablé par le poids d'un bonheur immérité. Le gouverneur ne fut nullement offusqué, ni retardé dans sa marche ; il était habitué à ces marques de vénération. Il continua à trottiner, superbe sur son cheval invisible, et sortit enfin de la salle.

L'acte intempestif de Karim avait laissé Hatim complètement effondré. Il avait tenté de l'empêcher, croyant à une agression, mais ce qu'il avait vu était pire que cela : c'était le monde renversé. Ce Karim qu'il pensait si bien connaître lui devenait tout à coup insaisissable. Il le fixait d'un œil épouvanté ; on eût dit qu'il regardait une bête visqueuse. Karim, lui, voguait dans les pures sphères de l'enchantement. Il avait risqué de mettre à bas toute sa stratégie pour le simple plaisir d'éblouir Hatim, de lui administrer la preuve irréfutable de son repentir. Et il ne doutait pas d'avoir réussi cet exploit.

Hatim lui fit signe de se rasseoir.
— Par Dieu ! dit Hatim. Je peux dire que tu m'étonnes de plus en plus.
— Pourquoi, Excellence ?
— Il m'est difficile de croire que tu en sois arrivé là : baiser la main du gouverneur !
— Cela n'a rien d'étonnant, dit Karim. Le gouverneur est notre père à tous ; du moins, moi je le considère ainsi.

Hatim réfléchit un court instant. Son intérêt pour le jeune homme parut s'accroître. Dans la lumière horrifiante de cette déchéance étalée sans mesure sous ses yeux, il entrevoyait une issue favorable à son calvaire de policier consciencieux. Peut-être que tout n'était pas encore perdu.
— Alors, puisqu'il en est ainsi, nous allons pouvoir peut-être collaborer. Tu ne voudrais pas, n'est-ce pas, que

ton père, comme tu dis, soit l'objet d'attaques malveillantes ?

— Certes non. Mais que puis-je faire ?

— Je voudrais connaître ton avis sur certaines affiches apparues récemment sur les murs de la ville.

— Quelles affiches ? demanda innocemment Karim.

— Je vais t'éclairer, dit Hatim. Ce sont des affiches reproduisant le portrait du gouverneur, avec un texte plein de remarques élogieuses, trop élogieuses pour être honnêtes. Tu les as déjà vues ?

— C'est de ces affiches que tu parles, Excellence. Sur mon honneur, ce sont de très belles affiches. Chaque fois que j'en aperçois une, je m'arrête pour la contempler. J'ai fini par apprendre le texte par cœur. Veux-tu que je te le récite ?

— Epargne-toi cette peine. Et dis-moi plutôt si tu peux m'indiquer l'origine de ces affiches. Qui les imprime et qui les placarde sur les murs de la ville.

— Mais, Excellence, je croyais que c'était les services du gouvernement. Ces affiches ne disent que du bien de notre génial gouverneur !

— Tu te trompes. Les services du gouvernement n'ont pas imprimé ces affiches ! Ne crois-tu pas que ce sont tes anciens camarades qui l'ont fait ?

— Quel jour noir ! s'exclama Karim. J'en suis foudroyé ! Pourquoi mes anciens camarades chanteraient-ils les louanges du gouverneur !

— Peut-être sont-ils devenus fous. Je cherche à comprendre.

Il était extrêmement malheureux de montrer à Karim l'embarras dans lequel l'avait plongé l'apparition de ces affiches. Mais le moindre indice pouvait lui être d'un secours inespéré ; s'il arrivait à dépister les auteurs de ce panégyrique empoisonné qui mettait toute la police du gouverneur en alerte, son talent d'officier astucieux ne ferait plus aucun doute en haut lieu. C'était la première affaire de ce genre qu'il voyait depuis vingt ans qu'il s'occupait de délits politiques ; une affaire grave et, en même temps, si délicate, sortant tellement de l'ordinaire qu'aucun manuel de police n'en faisait mention nulle part. Hatim se demandait s'il n'entrait pas dans une nouvelle ère révolutionnaire et s'il ne lui fallait pas réviser ses méthodes d'investigation. Une mode nouvelle était née, et il restait là comme un idiot, ignorant le lieu de sa naissance et l'identité de ses inspirateurs. Il fut envahi par la panique.

— Alors, tu ne sais rien ?

Ce n'était pas une interrogation ferme, mais une dernière tentative de saisir une parcelle de vérité. Il semblait attendre la réponse de Karim sans beaucoup d'espoir.

— Rien, Excellence, répondit Karim d'une voix morne et en fixant sur l'officier un regard désespérément vide.

Un pénible sentiment d'échec s'empara de Hatim et ternit l'expression redoutable de son visage. Cet interrogatoire se terminait dans la mollesse et l'abandon. Il ne tirerait plus rien de ce révolutionnaire repenti, en voie de se marier, et qui fabriquait des cerfs-volants pour l'amusement d'une masse de bâtards. Pouvait-on tomber plus bas ? Il se surprit à ressentir une espèce de regret, singulièrement absurde dans son cas. Allait-il s'apitoyer sur le sort d'un révolutionnaire perdu ? Il y en avait encore beaucoup d'autres ; toutes sortes de vengeurs prêts à semer le désordre sur sa route. Et pourtant il lui semblait que quelque chose venait de mourir, une infime étincelle de cet immense incendie qui voulait embraser le monde.

Il s'accouda à son bureau, couvrit son front avec sa main et dit sans regarder Karim :

— Tu peux partir maintenant.

Karim se leva, salua l'officier en se courbant jusqu'à terre, puis tourna les talons et s'en fut. Au passage il fit une légère inclination de tête, à droite et à gauche, destinée à ses malheureux successeurs. Mais ceux-ci ne prêtèrent aucune attention à son salut. Il sortit de la salle en refermant doucement la porte derrière lui, comme il l'avait vu faire au planton.

Un peu plus tard dans l'avenue à présent presque déserte, il s'arrêta à l'ombre d'un arbre et se retourna pour juger du chemin parcouru, de la distance qui le séparait désormais du gouvernorat. Le grand bâtiment blanc disparaissait au loin derrière une brume de chaleur et ressemblait à un mirage. Karim eut l'impression de sortir d'un rêve.

X

Adossé au parapet de pierre de la corniche, Karim se délassait en suivant du regard les croupes alanguies des promeneuses, bien apparentes sous les robes légères. Il était subjugué par l'ampleur de leur diversité ; il y en avait de toutes les formes et de tous les volumes. Dans la lumière grise, tamisée, du crépuscule, ces mirobolantes croupes semblaient posséder une vie autonome et entretenaient avec Karim des rapports délicieusement voluptueux. Les propriétaires de ces croupes étaient pour la plupart assez laides pour faire peur à un assassin sadique, mais Karim ne s'en apercevait guère ; il ne regardait que rarement le visage d'une femme. Elles étaient généralement accompagnées d'hommes gras et austères en tenue estivale — allant de la chemise aux manches retroussées jusqu'au pyjama de coton rayé — qui croquaient des graines de pastèques et surveillaient leurs épouses et leurs filles en lançant à Karim un regard averti de paysan gardant ses vaches contre un éventuel voleur. Karim répondait par un ricanement à leur sournoise animosité. C'était ainsi chaque soir ; la rituelle promenade des familles en quête de fraîcheur, avides de respirer la brise marine après l'étouffante température de la journée. Ce festin de croupes nostalgiques était la pâture quotidienne de Karim, lequel, descendu de sa terrasse, s'adossait au parapet et se mettait à l'affût d'une occasion. Il avait parfois la chance de trouver une femme seule, voguant à l'aventure, et il en profitait pour l'accoster à sa manière simple et primitive. Karim savait se montrer avec les femmes aussi inconsistant qu'avec un officier de police. Il ne leur disait jamais un mot intelligent par crainte de les effaroucher. Une stupide remarque sur le temps faisait l'affaire.

Mais ce soir il ne voyait rien venir ; le gibier était rare. Depuis une heure qu'il était là, il n'avait repéré aucune proie possible. Toutes les femmes qui passaient étaient accompagnées ; ou bien c'étaient des boniches acariâtres traînant dans leur sillage des enfants en bas âge. Karim commençait à s'énerver. Un couple d'amoureux, se tenant par un doigt comme pour ne pas se perdre, passa devant lui, l'air guindé et extatique. Machinalement, Karim suivit du regard la croupe de la jeune fille et soudain un souvenir lancinant éclata dans sa mémoire. C'était plus que le souvenir d'une coucherie, car celle-là il se rappelait vaguement son visage. La gentille petite prostituée qu'il avait ramassée une nuit et qui n'était plus jamais revenue. Il l'avait pourtant invitée à se considérer dans son logement comme chez elle ; il s'était conduit avec munificence. Il est vrai aussi qu'à ce moment il ne tenait pas beaucoup à la revoir ; ç'avait été une invitation lancée à un moment critique en vue de l'amollir et l'inciter à plus de discrétion sur le chapitre de l'argent. Peut-être n'avait-elle pas été dupe et avait-elle compris son dénuement. Une vague de pitié le submergea et, chose extraordinaire, le visage de la petite prostituée se précisa dans son esprit, devint pour lui un visage connu depuis toujours, aussi familier que le visage de sa propre mère. Il regrettait tout à coup de s'être montré si mesquin avec cette pauvre fille. Où pouvait-elle bien être à présent ? Il eût voulu courir pour se mettre à sa recherche. La police du gouverneur devait la pourchasser et lui interdire le racolage. Encore une victime de ce maudit gouverneur.

A propos de ce dernier, il y avait maintenant une quinzaine de jours que la lettre envoyée par Heykal, demandant l'ouverture d'une souscription publique pour ériger une statue au gouverneur, avait été publiée par les journaux. Cette lettre avait jeté la consternation même parmi les gens les plus attachés au gouverneur et à son pouvoir dictatorial. Déjà des bruits circulaient que le gouvernement de la capitale prenait ombrage de cette popularité et commençait à se méfier d'un homme capable d'organiser une si belle propagande pour son usage personnel. Cependant, ces citoyens non prévenus — et ne sachant pas d'où venait le vent — s'étaient empressés de manifester leur civisme. L'argent affluait de partout ; on eût dit une manne céleste que rien n'arriverait à épuiser. La liste des donateurs s'allongeait chaque matin dans les journaux. Karim lui-même voulut y figurer et se démunit d'une piastre en faveur de la statue ; mais son nom ne fut jamais mentionné. A présent il regrettait amèrement sa piastre et s'attristait du peu de cas qu'on faisait de son obole. Certains lecteurs, cyniques ou inconscients, avaient écrit aux journaux pour recommander un sculpteur de leurs amis et indiquer leur préférence pour le futur emplacement de la statue. Le délire était à son sommet. Aussi, le moment approchait où Heykal se proposait d'inaugurer une nouvelle farce si cette dernière ne suffisait pas à discréditer à jamais le gouverneur. Karim devait aller chez lui ce soir pour discuter justement de ce problème. La situation du gouverneur était ébranlée à coup sûr, mais il ne fallait pas négliger les impondérables. Au fond de lui-même, Karim souhaitait que le gouverneur tînt encore quelques mois, le temps qu'on le statufiât. Ç'eût été tellement drôle si on en arrivait là ; voir le gouverneur sur un socle. Avec de la chance, c'était une chose assez probable.

La nuit était tombée lentement et les hauts lampadaires s'allumèrent soudain, étendant leur collier de perles brillantes tout au long de la corniche. Mais bien que l'air fût devenu plus respirable, la fraîcheur tardait à venir. Une odeur de maïs grillé, émanant de quelque baladeuse de marchand ambulant, embaumait l'atmosphère nocturne. La corniche se vidait peu à peu de ses familles de promeneurs ; seuls quelques couples d'amoureux traînaient par-ci par-là, profitant des coins sombres pour se préparer un spasme rapide et honteux.

Karim allait s'éloigner, désespérant de trouver une fille, quand son regard perçut la silhouette d'un homme accoudé au parapet à une certaine distance à sa gauche. L'homme détourna vivement la tête comme pour dérober son visage à sa vue. Il se tenait au-delà du cercle de lumière projeté par le lampadaire le plus proche, mais Karim, en même temps qu'il recevait un choc, avait reconnu ce comportement furtif et cette allure clandestine. Ce promeneur solitaire se cachant dans l'ombre, c'était Taher, son ancien camarade du parti révolutionnaire ; il y avait longtemps qu'il ne l'avait pas vu, mais il était sûr de ne pas se tromper. Il l'avait identifié d'un seul coup d'œil. Pour lui la silhouette de Taher était reconnaissable même dans la plus noire des nuits. Son cœur se mit à battre d'émotion. Il se sentait défaillir, miraculeusement troublé par l'imprévu de cette rencontre avec son ancien camarade, mais presque aussitôt un horrible soupçon le saisit. Cette rencontre était loin d'être fortuite ; Taher devait l'espionner depuis un long moment déjà. Pour quelle raison ? Pourquoi ne venait-il pas tout bonnement le saluer ? Mais il fallait ne pas connaître Taher pour se poser de pareilles questions à son sujet. Taher était un conspirateur-né, adorant les détours et les longs cheminements clandestins ; il n'allait pas aborder quelqu'un sans se livrer d'abord à quelques approches mystérieures. Karim décida de le laisser jouer son jeu bizarre. Il avait un peu de temps à perdre avant d'aller chez Heykal.

Il se mit à marcher lentement pour donner à Taher l'avantage de l'espionner à loisir. Cela lui déchirait le cœur de se retrouver en compagnie de Taher ; il n'avait nulle envie de discuter avec lui de problèmes sociaux et politiques. Ils étaient à jamais séparés maintenant. En plus Taher devait lui en vouloir de sa défection et peut-être allait-il le traiter avec rigueur. Cependant, il ne pouvait échapper au rappel de certains souvenirs communs. Avec Taher il s'était adonné à des actions subversives ; ensemble, ils avaient été arrêtés et conduits dans la même prison. Ç'avait été le camarade le plus proche de lui par l'esprit, il l'avait aimé et admiré pour son noble désintéressement et son courage dans l'adversité. C'était un garçon d'une intelligence remarquable, issu d'une famille d'ouvriers pauvres qui s'étaient privés de pain pour lui donner de l'instruction. Sorti de l'école après de satisfaisantes études, il avait refusé toutes sortes de situations honorables pour se consacrer entièrement à la révolution. Sa haine pour le pouvoir était irréductible.

Soudain un détail visuel — perçu et totalement oublié — lui revint à la mémoire. Il avait remarqué tout à l'heure que Taher portait un paquet à la main et il venait de se rappeler que son camarade avait l'habitude dans le temps de se promener toujours avec une bombe de sa fabrication. Lorsqu'on lui demandait ce qu'il comptait en faire, il hochait la tête d'un air entendu et disait d'une voix féroce : « Ce ne sont pas les salauds qui manquent ! Je trouverai bien un endroit pour la jeter ! » Karim avait la certitude que Taher n'avait pas perdu ses étranges manières ; ce paquet qu'il portait devait contenir une bombe. Il fut effrayé par la perspective d'un attentat contre sa personne. Cette bombe, Taher était bien capable de la lui lancer à la face sans la moindre pitié, d'autant plus qu'il le considérait comme un traître. Il connaissait sa mentalité et son code de l'honneur révolutionnaire. Taher n'hésiterait pas à lancer une bombe sur sa propre mère si par hasard elle n'était pas de son avis. Son malaise s'accentuant, Karim chercha le moyen d'échapper à cette poursuite. Il inspecta anxieusement la longue corniche désertée par les promeneurs et ne découvrit aucun coin susceptible de lui servir de cachette. Il ne vit que la voiture d'un marchand de maïs grillé accotée au trottoir sous la clarté d'un lampadaire. Se dissimuler derrière la voiture ? Stupide. La voiture sauterait avec lui. D'ailleurs, le marchand s'apprêtait à fermer boutique, comme s'il avait pressenti l'approche d'un désastre. Karim accéléra le pas, se sentant vaguement ridicule et n'osant pas se retourner pour voir si Taher le suivait toujours. Une voix rude l'interpella, l'arrêtant net.

— Hé, Karim ! Tu n'as pas besoin de me fuir !

Karim se retourna, un sourire contraint sur les lèvres. Il était aussi ému qu'une femme retrouvant un ancien amant qu'elle aurait trahi et abandonné. Il ouvrit ses bras en signe de bienvenue.

— Salut, Taher, mon frère ! Quelle heureuse coïncidence ! Comment vas-tu ?

Il voulut prendre Taher dans ses bras, mais celui-ci se déroba à son étreinte en reculant ostensiblement.

— Je vais très bien, répondit Taher. Et toi, tu t'amuses toujours ?

— Oui, ça va. Crois-moi, mais je suis bien content de te voir. Il y a longtemps que je ne t'ai pas vu.

— Excuse-moi, dit Taher, mais j'étais en prison. Il m'était difficile de fréquenter les salons et les cafés.

Le visage de Taher, hâve, creusé par les privations et les aventures sans nombre, affirmait hautement son existence de réprouvé. Il y avait dans ses yeux ce reflet d'une intransigeance farouche qui caractérise les combattants d'un idéal lointain. Son regard scrutait Karim avec mépris, et pourtant on sentait en lui une tendresse refoulée, un élan de sympathie pour ce camarade traître à la cause, mais demeuré toujours présent dans sa mémoire. Car, au fond, il était aussi ému que Karim, bien qu'il se donnât cet air d'accusateur, de juge impitoyable. Son habillement était étonnamment fantasque pour un homme de sa condition. En toute saison, il portait un costume étriqué, de couleur marron, passablement râpé, une chemise au faux-col amidonné et une cravate aux teintes sombres. Cette austérité vestimentaire de petit employé contrastait étrangement avec son visage de révolutionnaire affamé ; on eût dit deux personnages superposés. Mais c'était là le grand principe de Taher : un vrai révolutionnaire avait le devoir de s'habiller correctement. L'attitude bohème de certains camarades le mettait hors de lui. Souvent il s'était bagarré avec Karim parce que celui-ci ne portait pas de cravate.

Bouleversé par la confidence de son camarade, Karim ne savait pas quoi dire. La prison ne devait pas comporter beaucoup de drôlerie pour Taher, lequel prenait tout tellement au tragique. Il se sentait un peu coupable d'être là, lui, presque florissant, devant ce revenant sorti des profondeurs des cachots pour l'accuser et le maudire. Malgré lui, il ne cessait de lorgner le paquet que Taher tenait toujours à la main. Il avait honte de sa frousse, mais c'était plus fort que lui ; il tremblait d'inquiétude en pensant à la bombe. Taher sembla percevoir cette inquiétude, car il eut un soupir crispé. Enfin quelque chose l'amusait.

— Ne t'inquiète pas pour le paquet, dit-il avec ironie. Ce n'est pas une bombe. Ce sont mes vieilles chaussures que j'emporte chez le cordonnier. La semelle s'est complètement détachée. Tu vois, je suis obligé d'aller pieds nus, en attendant.

— Comment peux-tu croire ! protesta faiblement Karim.

Il baissa quand même les yeux pour être sûr de la bonne foi de Taher et vit qu'effectivement son camarade avait les pieds nus. Pendant un instant il resta sidéré sans pouvoir détacher ses yeux des pieds de Taher. Porter un faux-col amidonné et marcher sans chaussures, quelle idée baroque ! Karim hésitait entre le rire et la désolation.

— Je suis vraiment désolé, Taher, mon frère !

— Ne te désole surtout pas. Ça n'a pas d'importance. Je suis endurci à toutes les misères. Je n'ai pas besoin pour vivre d'un appartement avec terrasse. J'aime les palais mais c'est pour les détruire !

— C’est une chambre de domestique ! s’exclama Karim. Puis, plus bas : Comment sais-tu où j’habite ? Tu m’espionnes, ma parole !

Taher eut un sourire moqueur, comme si Karim était un enfant naïf à qui il fallait tout apprendre.

— Nous savons tout sur ton compte, dit-il. Tu te crois très malin, mais nous savons tout ce que vous manigancez, toi et tes amis. Sais-tu que la police nous impute vos sornettes ? Nous ne pouvons le tolérer plus longtemps. C’est pour cela que je voulais te parler.

Insensiblement, il avait adopté un chuchotement de conspirateur, bien que la corniche fût vide de toute âme humaine.

— Quelles sornettes ? demanda Karim agacé par ce chuchotement.

— Ces affiches dans lesquelles vous flagornez le gouverneur, tu crois que je ne sais pas d’où elles sortent !

— En quoi vous dérangent-elles ?

— Elles nous rendent ridicules vis-à-vis de la police. Et je n’aime pas ça ! Nous ne sommes pas des plaisantins !

Taher était outré à la pensée que la police le prenait pour un facétieux, employant des moyens aussi primaires pour renverser le pouvoir. On attentait à son honneur de révolutionnaire en lui imputant de pareilles balivernes. Tout son passé de militant, toutes ses années de prison se trouvaient entachés par cette tare. Il imaginait sans peine sa déchéance dans l’esprit de la police et il écumait de rage. A sa douleur s’ajoutait un autre motif de chagrin : c’était son ancien camarade de combat, ce traître mué en fantoche, qui lui valait cet affront.

— Ne t’en fais pas pour ça, dit Karim. La police ne vous soupçonne nullement. Elle vous connaît suffisamment pour savoir que vous êtes des gens sérieux. Il ajouta comme pour lui-même : Comme eux, d’ailleurs.

— Je veux dire que vous êtes hors du coup. La police n’ignore pas que des révolutionnaires de votre trempe ne se comportent pas ainsi. Tu n'es pas sans savoir que depuis le temps ils ont fait des progrès. Ils le doivent d'abord à vos bavardages au cours des interrogatoires, ensuite à ce que le gouvernement a fait éditer des manuels à l'usage de la police politique où on explique votre psychologie et la manière de combattre vos théories. Comme tu vois, ils sont bien renseignés sur vous maintenant. Ils savent que vous ne pouvez changer vos façons à ce point.

— En tout cas, toi tu as bien changé, dit Taher avec un accent d'amertume dans la voix.

D'un commun accord ils s'étaient accoudés au parapet, face à la mer. Ils se taisaient, le regard perdu sur l'immense gouffre noir qui s'étendait devant eux. Karim goûtait cette détente. Mais la passion forcenée de Taher, sa passion de vaincre ou de mourir, ne pouvait connaître aucun apaisement. Il se tourna lentement vers Karim, attendant un geste, une parole de repentir ou de regret. Il éprouvait la tristesse du terroriste engagé dans l'action et forcé d'accomplir son devoir sanguinaire, malgré l'amitié et la tendresse qui l'attachaient encore à sa victime. Son cœur saignait, et il voulait supplier Karim de renoncer à ses folies pour revenir à son idéal d'antan. La transpiration inondait son visage émacié ; on eût dit qu'il versait des larmes.

Ce regard posé sur lui piquait Karim comme un dard. Lui aussi avait le cœur qui saignait. Il en voulait à Taher d'être venu lui rappeler ces temps ténébreux, empuantis des relents de malheurs et de souffrances. Il avait fait la paix avec ce monde risible et détestable. Il n'y voulait rien changer ; il le prenait tel quel, avec ses éclopés et ses aveugles. C'était comme un immense besoin d'amour. Il ne croyait plus à la misère du peuple. Est-ce qu'il était riche, lui ? Il était le plus pauvre d'entre les pauvres, et pourtant heureux de l'être. Il se rebiffa tout à coup contre ce fantôme hargneux surgi du passé pour lui arracher sa joie, et dit sur un ton d'orgueil provocant :

— Oui, j'ai changé. Et je m'en félicite.

Taher bondit sur lui, l'agrippa par le revers de sa veste et l'accula au parapet.

— Sais-tu que nos camarades sont emprisonnés et torturés, pendant que toi tu t'amuses à placarder sur les murs de la ville les louanges de leur bourreau !

— Ecoute, Taher ! Après tout, je n'ai pas baisé ta sœur ! Ce que je fais tu ne pourras jamais le comprendre. Mais sache que c'est le seul moyen d'abattre le gouverneur.

— Drôle de moyen ! ricana Taher. Je connais ton maître, va. J'ai entendu parler de lui. Il est de la même race que le gouverneur. C'est un rentier qui mène une existence princière. Comment peut-il songer à la douleur du peuple !

— Ne touche pas à cet homme ! s'écria Karim. Je l'aime, entends-tu ! Crois-moi, non seulement je ne me séparerai jamais de lui, mais s'il me demandait ma vie, j'accepterais de mourir.

Taher se sentit vidé de son sang. La violence de cette passion le suffoquait comme un blasphème. Pour lui, on ne pouvait aimer que le peuple. Et parce que Karim faisait partie de ce peuple, il lui avait gardé son affection et sa confiance. Il lui avait pardonné ses turpitudes, ayant toujours espéré que leur séparation n'était que provisoire, que Karim reviendrait fatalement à la révolution. Mais voilà qu'il le voyait si loin de lui, de cet idéal pour lequel ils avaient combattu et souffert ; il le voyait engagé dans un univers entièrement nouveau, où lui, Taher, était non seulement exclu, mais bafoué. La jalousie le poignarda, ouvrant dans son cœur une immonde blessure. La nuit lui parut empoisonnée ; et ni les étoiles, ni la mer, ni le collier de perles des lampadaires dont il apercevait au loin la courbe scintillante ne pouvaient le sauver de cette mort poignante. Cela dura un moment, puis la réalité immanente de la révolution vint l'arracher à sa douloureuse torpeur. Une curiosité morbide le poussait à approcher cet homme que Karim — dans son orgueil infernal — plaçait plus haut que tout un peuple opprimé. S'il parvenait seulement à lui parler un instant en présence de Karim, il arriverait à détruire cette image idolâtre dans l'esprit de son camarade. Il lui démontrerait la vanité, le néant, la fallacieuse séduction de cette âme perfide, vautrée dans le luxe, et proclamant la subversion à l'instar d'un magicien de foire. Peut-être alors Karim comprendra-t-il qu'il s'était leurré, que toutes ces initiatives stupides pour renverser le pouvoir étaient vouées à l'échec, et reviendra-t-il aux dignes préceptes d'un véritable combat. Cette aventure le tentait follement. D'ailleurs, il le fallait. Il avait besoin de Karim pour un exploit hasardeux — que réclamait le service de la révolution — mais il n'avait pas osé lui en parler encore. Dans l'état d'esprit où il se trouvait, il n'aurait même pas accepté de l'écouter. Taher fit appel à toutes ses facultés de persuasion ; il allait devoir employer une tactique plus souple que celle dont il usait d'habitude pour insuffler la foi révolutionnaire à quelques ouvriers en chômage.

— Je voudrais que tu fasses quelque chose pour moi, dit-il, avec un calme surprenant.

— Quoi donc ?

— Eh bien, je voudrais rencontrer cet homme que tu aimes tant. Au nom du pain et du sel que nous avons mangés ensemble, je te conjure de me mettre en contact avec cet homme. J'aimerais m'entretenir avec lui.

Karim esquissa un sourire, le visage tout à coup détendu ; visiblement cette demande l'enchantait.

— Mais avec plaisir, dit-il. Je suis sûr que lui aussi aimerait te connaître. Tu sais, il a des idées très larges. Il s'intéresse à toutes les activités humaines.

— Je suis charmé de l'apprendre, fit Taher, surpris par la facilité de son entreprise et y subodorant un piège. Peux-tu m'emmener chez lui ce soir ?

— Si tu veux. Ça tombe bien, car je devais aller le

voir. Mon cher Taher, je souhaite que nous nous retrouvions de nouveau ensemble. Je n'ai jamais cessé de penser à toi.

A ce moment, la silhouette noire d'un gendarme qui marchait d'un pas traînant le long du parapet vint s'immobiliser soudain devant eux. Les deux jeunes gens demeurèrent pétrifiés par la surprise. Ce représentant de l'ordre avait tout d'un ogre affamé en quête de nourrissons attardés sur la corniche. Ils attendirent en silence qu'il leur dévoilât la nature du délit qu'il avait relevé contre eux.

— Les attroupements sont interdits, grogna le gendarme. Allez, circulez !

— Mais nous ne sommes que deux, dit Karim ravi de l'aubaine.

— Deux ou cent c'est la même chose, reprit le gendarme. Veuillez circuler !

Et il poursuivit sa marche silencieuse et furtive le long du parapet.

— Tu as entendu ce fils de putain ! s'esclaffa Karim.

— C'est un pauvre bougre qui exécute les ordres, dit Taher. Ce n'est pas sa faute s'il est ignorant. C'est à nous de l'instruire.

— Tu es fou, ma parole ! Crois-tu que j'ai des milliers d'années à vivre ! J'ai juste quelques années devant moi et tu voudrais que je passe mon temps à éduquer cet assassin armé d'un fusil !

Taher secoua la tête avec tristesse, comme quelqu'un qui n'attend plus aucune compréhension de son interlocuteur. Il avait hâte maintenant de voir Heykal et de lui dire en face ce qu'il pensait de lui.

— Bon, allons-y, dit-il. Mais il faut d'abord que je porte ces chaussures chez le cordonnier.

— A cette heure-ci, il n'y a pas de cordonnerie ouverte.

— Qu'est-ce que tu crois ! Que je vais porter mes chaussures à des cordonniers capitalistes ! C'est un camarade qui garde sa boutique ouverte toute la nuit. Elle nous sert de lieu de rendez-vous. Ce n'est pas très loin d'ici. Accompagne-moi.

Karim fit un signe d'assentiment, puis il passa son bras sous celui de Taher et ils se mirent en route. Ils traversèrent la chaussée et s'enfoncèrent dans les profondeurs sordides de la ville, laissant derrière eux le décor féerique de la corniche.

Une fois les présentations faites, ils s'étaient assis tous les trois dans le salon de Heykal. Ils gardaient le silence, laissant à Siri, le domestique, le soin de servir les boissons rafraîchissantes de sa démarche de somnambule. C'était long, presque interminable, la façon dont Siri s'acquittait de sa tâche, mais aucun d'eux ne faisait attention à lui. L'intérêt de cette rencontre était trop extraordinaire pour leur permettre la plus légère distraction. Siri finit par déposer les trois verres de sirop de rose sur la petite table basse, et sortit de la pièce. Mais le silence n'en fut pas rompu pour autant.

Heykal observait Taher avec la curiosité d'un antiquaire estimant une pièce rare. Il n'était pas mécontent de cette visite qui lui donnait l'occasion d'étudier de près cet ancien camarade de Karim et l'un des plus dangereux révolutionnaires de la ville. Il le sentait prêt à mordre, mais cependant trop poli pour oser rompre le silence par des paroles malveillantes. Assis au bord de son fauteuil, il avait l'air malheureux et comme honteux d'être reçu chez des gens méprisables. Les regards qu'il jetait à Karim étaient assez éloquents sur ce point ; il semblait le rendre responsable de sa pénible situation. Heykal attendait patiemment qu'il voulût bien lui exposer ses doléances. Il pressentait le genre d'explication que Taher était venu chercher jusqu'ici ; et il était curieux de le voir à l'œuvre. Quels arguments allait-il opposer à sa parfaite sérénité ? Dans cet affrontement de deux concepts, aussi étrangers l'un à l'autre par leur essence et leur application, Taher était vaincu d'avance.

Il ne serait pas dans son élément. Heykal frémit de pitié ; la lutte s'annonçait trop inégale. Par quelle aberration, cet homme des cavernes, ce fanatique de la violence, s'était-il cru en mesure de venir le provoquer ? Quelle tentation l'y avait poussé ? Une sensation de vertige, d'intense plénitude le saisit à la pensée que ce révolutionnaire rancunier et tenace n'avait pu résister au magnétisme de la dérision. La conscience de son propre rayonnement lui fit éprouver pour son visiteur un élan de tendresse, comme si Taher était venu lui apporter son amour et non sa malédiction.

La mine de Taher exprimait un déplaisir manifeste et comme une sorte de répulsion ; il se tenait recroquevillé sur lui-même, dans l'attitude d'un homme assiégé par des rats. Son camarade, le cordonnier, lui avait prêté des sandales appartenant à un client décédé, et il marquait sa nervosité en bougeant ses orteils à travers les lamelles de cuir. Il ne savait pas de quelle manière commencer l'entretien. Il ne s'était pas attendu à cette courtoisie, à ce charme indéniable de son hôte, lequel, drapé d'une robe de chambre pourpre, trônait sur le canapé en face de lui, avec l'air d'un grand seigneur recevant les hommages d'un banal visiteur. Le plus terrible, c'est que Taher avait conscience de sa pauvreté. C'était la première fois de sa vie qu'il ressentait l'indignité de la misère. Il se sentait perdu dans ce salon bourgeois aux meubles luisant de propreté, aux fauteuils dorés recouverts de velours rouge d'un style affreux et vétuste, mais qui personnifiait pour lui — qui avait passé son temps dans les taudis et les prisons — le comble de l'aisance et de la richesse. Taher s'insurgeait contre cette opulence et non contre l'homme qui l'honorait dans sa maison, car les conceptions de Heykal le déconcertaient, et il devait s'avouer qu'il n'avait jamais approché un être de cette race. Ce n'était ni un bourreau ni un résigné ; et cependant il combattait le pouvoir à sa façon ; une façon infamante pour qui payait de son sang le prix de sa révolte. Taher ne concevait pas de révolte sans une certaine dose de haine, et il s'impatientait de ne découvrir chez Heykal aucune trace de cette colère vengeresse inhérente à toute créature opprimée. Il paraissait admettre la bêtise sanglante de l'adversaire, et même s'en réjouir. Sa simplicité et son calme exaspéraient Taher comme une offense infligée à sa perpétuelle détermination de combattre ou de périr. Mais peut-être que tout cela n'était qu'une frime ; peut-être cherchait-il seulement à le séduire, à l'attirer dans son univers inconsistant et fragile. Il ne se laisserait pas faire. Sa présence ici avait pour but de dégonfler les prétentions de cet aristocrate au charme insinuant. Il sauverait Karim du désastre qui le guettait.

— Heykal Effendi, commença-t-il, je suis venu...

— Je sais pourquoi tu es venu, l'interrompit Heykal d'une voix douce et en levant la main dans un geste d'apaisement. Cela peut attendre. Laisse-moi d'abord me réjouir de ta présence.

— Ta bonté à mon égard est infinie, reprit Taher. Mais excuse-moi, ce n'est plus le temps des mondanités. Je suis venu pour avoir une explication avec toi. J'ai déjà dit à ce renégat — et il montra du doigt Karim — ce que je pensais de votre action. Elle est néfaste. Elle fait le plus grand tort à notre honneur de révolutionnaire, car la police nous l'impute. Je voudrais savoir au juste quel jeu tu poursuis ?

Heykal eut un sourire de politesse exquise devant cette attaque d'une franchise brutale et naïve. Ainsi Taher était venu défendre son honneur de révolutionnaire. Tout ce qu'il cherchait, c'était de ne pas passer pour un plaisantin aux yeux de la police. Quelle ardeur et quelle fougue dans la voix pour exprimer le supplice subi par son honneur ! Il tenait à se faire respecter par ses bourreaux ! Quelle dérisoire attitude pour un révolté, et pourtant il ne pouvait briser le cercle dans lequel l'avait enfermé le pouvoir sanguinaire. Il jouait le jeu de l'honneur et du déshonneur, comme on lui avait appris à le faire. Il n'en sortirait jamais.

Il était plus prisonnier que dans une cellule, car les mythes sur lesquels il fondait son action étaient les mêmes dont usait l'adversaire ; ils pullulaient et l'enserraient de toutes parts, plus opaques que des murailles. Heykal craignit que l'ironie de son regard ne fût trop visible, et ne décourageât son hôte.

— Tu as bien fait de parler de jeu, dit-il en donnant à son visage une expression songeuse. Car nous jouons tous, n'est-ce pas, Taher Effendi ? Je regrette profondément que le caractère de mon jeu ait pu te déplaire et t'occasionner des ennuis. Mais tout homme a le droit d'exprimer sa révolte à sa manière. La mienne est ce qu'elle est, mais du moins elle ne touche pas les innocents.

— Ce sont des enfantillages, lança Taher avec dédain. Je ne doute guère de ton intelligence, Heykal Effendi. Mais pardonne-moi de te dire que tu t'amuses pendant que tout un peuple est soumis à l'oppression. Ce n'est pas de cette manière qu'il faut combattre. Il faut répondre à la violence par la violence. Et je m'en fous des innocents !

— Aucune violence ne viendra à bout de ce monde bouffon, répondit Heykal. C'est justement ce que recherchent les tyrans : que tu les prennes au sérieux. Répondre à leur violence par la violence, c'est leur montrer que tu les prends au sérieux. C'est croire en leur justice et en leur autorité, et ainsi tu contribues à leur prestige ; tandis que moi je contribue à leur perte.

— Je ne vois pas de quelle manière ! Tes agissements ne reposent sur aucune base historique. Ce ne sont que des farces insipides !

— De la manière la plus simple. En suivant les tyrans sur leur propre terrain ; en devenant encore plus bouffon qu'eux. Jusqu'où iront-ils ? Eh bien, j'irai toujours plus loin qu'eux. Je les obligerai à se dépasser dans la bouffonnerie. Pour ma plus grande joie.

— Mais il y a le peuple ! s'écria Taher. Tu oublies le pauvre peuple ! Il ne rit pas, lui !

— Apprends-lui à rire, Taher Effendi. Voilà une noble cause.

— Je ne sais pas, dit Taher d'une voix sourde. Moi-même je n'ai pas appris à rire. Et je ne veux pas apprendre.

Cet aveu était empreint de nostalgie, comme l'aveu d'un amour impossible et douloureux. Heykal sentit fondre sa félicité. C'était vrai que Taher ignorait le rire, on n'avait qu'à le regarder pour s'en convaincre. Continuellement crispé par l'idée des luttes futures, passant son temps à promouvoir des complots, anxieux jusqu'à la hantise de la misère du peuple, il semblait voué surtout au malheur. Il était le parfait fonctionnaire de la révolution. Aucune considération n'avait de prise sur lui en dehors du rôle qu'il assumait : celui d'un sauveteur prédestiné, muré dans son égoïsme. La pire forme d'égoïsme, et la plus attentatoire, car elle englobait une multitude d'êtres, des collectivités entières, pour se repaître et prospérer.

— Alors, dit Heykal, je crains fort que tu ne deviennes la risée des tyrans. Il faut bien que l'un de vous rie de l'autre.

— Quelle présomption, Heykal Effendi ! Est-ce qu'il ne t'est jamais venu à l'esprit qu'on pouvait abattre les tyrans ?

— A un tyran mort, je préfère un tyran ridiculisé. C'est plus durable comme plaisir.

Taher se tordit les mains, s'agita sur son fauteuil, en proie aux affres de la honte. Il était certain que Heykal employait ce langage cynique — frisant le paradoxe — dans l'intention de l'humilier. Il osait lui parler de joie et de plaisir, à lui qui n'avait connu que les torturantes voluptés de la faim. Il montrait enfin son vrai visage. La honte de Taher se mua en indignation à la pensée amère et intolérable que Karim avait pu être subjugué par la fourberie de cet homme déguisé en apôtre du pacifisme. Karim avait un cœur généreux ; avait-il dégénéré au point de devenir le complice d'un imposteur ? Taher lança à son ancien camarade un regard éperdu, comme s'il espérait de lui une aide, en vertu d'un pacte lointain qu'aucune trahison ne pouvait abolir. Mais Karim ne paraissait nullement conscient de ses tourments. Retenant presque son souffle, un sourire niais aux lèvres, il n'avait d'yeux que pour Heykal, dont chaque parole le touchait comme une sentence sortie de la bouche d'un oracle. Sa subordination était totale. Taher en fut écœuré.

— Tu ne dis rien, espèce de traître !

Karim se tourna vers son camarade, piqué au vif, sorti de l'extase où l'avait plongé la dernière réplique de Heykal.

— Que puis-je dire ! fulmina-t-il. Je suis tout à fait d'accord avec Heykal. Ce qu'il dit, un enfant serait capable de le comprendre. Mais toi, tu es sourd ! Tu portes ton honneur de révolutionnaire comme une femme enceinte fière de son ventre ! Ma parole, tu me fais de la peine !

— Voilà où mène la traîtrise : on insulte ce qu'on a adoré ! Un chien vaut mieux que toi !

— Taher Effendi, n'accable pas mon ami Karim, s'interposa Heykal. Il a pu être autre chose dans le temps, mais il a le droit de changer. Nierais-tu l'évolution de la pensée ?

— Mais il ne pense rien du tout, s'emporta Taher. C'est un hypocrite, je le connais maintenant. Il a fait semblant d'aimer le peuple pour le plaisir de se moquer de lui. Il l'a trompé et m'a trompé en même temps !

— Tu es injuste, dit Heykal. Karim n'a trompé personne. Pour cela il faut une grande ambition. Et Karim n'a aucune ambition ; son idéal c'est une vie d'amour.

— C'est ce qu'il prétend. Mais à ta place je me méfierais. Sais-tu, Heykal Effendi, qu'il m'a avoué qu'il te donnerait sa vie si tu la lui demandais ? C'est insensé, n'est-ce pas ? Et pourtant il semblait sincère. Mais il l'était aussi quand il voulait donner sa vie pour la révolution.

— Ce n'est pas la même chose, s'écria Karim. Tu confonds tout, misérable ! Mon amour pour Heykal n'a pas de but politique. Je ne l'aime pas pour le délivrer de l'oppression ; il est déjà libre. Ça n'a rien à voir avec ton amour de comptable distribuant les félicités futures au pauvre peuple !

— Je voudrais savoir, demanda Taher en regardant Heykal d'une façon narquoise, quel homme tu es pour inspirer une pareille passion à ce crétin ?

— Je suis un homme très simple, Taher Effendi. Seulement je n'inflige jamais aux autres ma notion de l'honneur et de la dignité. J'attends autre chose de mes semblables. Mon ami Karim est libre de changer demain sa façon de penser. Je ne lui en voudrai pas, car, quoi qu'il fasse, il ne deviendra jamais ennuyeux. Et c'est cela qui importe.

— Qu'est-ce qui importe d'après toi dans un homme ?

— La merveilleuse plénitude que je ressens d'être avec lui, et ceci dans les choses les plus futiles de l'existence. Le souffle de joie qu'il m'apporte. C'est par là qu'on reconnaît la richesse d'amour enfermée dans un homme.

L'odieuse, la détestable manie de cet homme ! Encore une fois il venait lui parler de joie ! Est-ce qu'il y croyait vraiment ? Est-ce qu'il n'y avait pour lui que cela sur la terre ? Cette terre ravagée, incendiée mille fois par les hommes, comment y trouver un coin d'amour et de paix ? Il fallait être un salaud pour se complaire à ces balivernes. Ou un fou bienheureux. Et pourtant Heykal n'était ni un salaud ni un fou. Il voulait amuser le peuple et lui apprendre à rire de ses tyrans. C'était facile à dire. Mais le peuple avait d'autres choses à apprendre. Taher pensa à toutes les choses qu'il devait encore lui apprendre, et l'immensité de sa tâche le rendit soudain malade de désespoir.

Heykal le considérait avec sympathie, heureux au fond de lui-même de déceler, chez ce fonctionnaire modèle de la révolution, les ressources d'une futilité médiocre, certes, mais appréciables tout de même. Ce veston étriqué, ce col dur et cette cravate usée jusqu'à la corde constituaient l'emblème de sa parfaite domestication. Ces oripeaux d'une société qu'il voulait abattre, il se faisait une gloire de les porter. Révolutionnaire, mais dans la dignité. Vêtu du même uniforme que l'adversaire et prêt à prendre sa place. Quel magnifique spécimen de ce siècle, pourtant fertile en nouveautés. Heykal aurait voulu l'adopter, le garder toujours auprès de lui, comme la vivante image de la dérision. Mais c'était un rêve de monarque ; il n'était pas assez riche pour se payer un objet d'une telle valeur.

Le silence et ce regard qui l'observait — avec amour, lui semblait-il — incitèrent Taher à se reprendre. Il dit, brisant le silence :

— Ces vertus dont tu parles, Heykal Effendi, peuvent aussi être l'apanage d'un salaud. Accepterais-tu le souffle de joie d'un salaud ?

— Les salauds sont ceux qui tuent tout souffle de joie autour d'eux, répondit Heykal. Et ils peuvent être de n'importe quel bord, ils me navrent. Mais tu n'es pas ce genre d'homme, Taher Effendi. Je sais reconnaître sous les apparences la vraie nature d'un homme. Pourquoi t'obstiner à garder ce masque qui te fait souffrir ? Je suis sûr que tu peux devenir plaisant et futile. J'aimerais te voir sous ce jour.

Les idées de Taher s'embrouillaient, cependant que le sens de ces paroles mielleuses lui apparaissait dans toute son horreur. Que Heykal le prît pour un homme futile, c'était la pire offense qu'il pût faire à son orgeuil de combattant. Il détourna son visage comme pour se soustraire à cette suprême flétrissure, comprenant enfin la vanité de discuter avec une ombre. Il avait hâte de rejoindre ce monde d'iniquités qui l'attendait au-dehors ; là, du moins, il pouvait se sentir vaincu, mais jamais malheureux.

Heykal souleva son verre de sirop qui tiédissait sur la table devant eux, et dit à l'adresse de son hôte :

— A ta santé, Taher Effendi !

Taher parut ne pas comprendre. Machinalement, il s'empara de son propre verre, voulut le porter à ses lèvres, hésita un instant, puis, brusquement, l'envoya se briser contre le sol. Après quoi il prit un air guindé, presque arrogant, comme si ce geste lui avait rendu sa dignité.

Karim, ahuri par le geste extravagant de son camarade, était resté sans réflexe, coulé sur son fauteuil, présumant une quelconque réaction de Heykal. Mais celui-ci demeurait impassible, presque indifférent à l'esclandre provoqué par son visiteur. Le visage empreint de mansuétude, il semblait considérer Taher avec une sorte de respect.

Siri, le domestique, alerté par le fracas, entra dans la pièce et, sans mot dire, se mit à ramasser les débris du verre. Personne ne parlait ; ils semblaient tous attendre que Siri eût fini de nettoyer le sol. Quand, peu après, le domestique fut sorti, Taher se leva. Il regarda un moment Heykal, inclina imperceptiblement la tête, puis, lentement, se dirigea vers la porte.

Heykal quitta son canapé et le suivit. Pendant quelques secondes, ils restèrent indécis, debout sur le seuil de la porte. Puis, Heykal dit :

— Ce sirop n'était pas empoisonné, Taher Effendi ! C'était le présent de l'amitié.

Taher ne répondit pas. Soudain Heykal l'empoigna aux épaules et le serra contre sa poitrine.

— Tu es un homme courageux, Taher, mon frère ! Dommage que tu sois un homme perdu !

— Perdu pour qui ? demanda Taher d'une voix qui ressemblait à un cri étouffé.

— Pour moi, pour moi seul, répondit Heykal. Va maintenant. Et que la paix soit avec toi !

Puis il se retourna et fit face à Karim qui le regardait muet d'étonnement.

XI

La petite fille mangeait sa glace tout en regardant Heykal par en dessous ; il n'y avait aucune lueur sournoise dans son regard, mais plutôt une certaine timidité hautaine, comme celle d'une femme consciente de la réserve imposée à son sexe. Elle suçait sa cuiller longuement, appliquée et songeuse, avec une sorte de gourmandise éthérée. Heykal faisait semblant de ne pas la voir ; son instinct de la séduction le poussait à simuler l'indifférence même avec une fillette. Celle-là devait avoir une huitaine d'années ; un grand ruban vert retenait ses cheveux roulés en une seule natte pendant sur son dos. Elle était extrêmement belle, mais pas de cette beauté détestable des enfants prospères et bien nourris, dont Heykal abhorrait la vue. Elle avait des traits affinés, et quelque chose de profondément triste dans les yeux, prouvant que déjà ce monde l'affligeait. C'était cela qui incitait Heykal à s'intéresser à elle : cette mélancolie enfantine assez proche du désespoir. Elle était accompagnée de sa mère, une acariâtre mégère, la bêtise inscrite sur le visage, imbue de son rang social et exhibant à ses bras de lourds bracelets d'or. Lorsqu'elle adressait la parole à sa fille, Heykal avait l'impression que celle-ci se repliait sur elle-même, comme si elle était honteuse qu'on l'associât à cette créature ignoble assise en face d'elle. La mère se doutait apparemment de cet antagonisme, car les inflexions de sa voix étaient empreintes de cette haine spécifique des parents pour leur progéniture rebelle. Inconsciemment, elle lui en voulait d'appartenir à une autre race que la sienne. Cette mère, Heykal aurait voulu la tuer ou la voir disparaître dans une trappe. Horrible engeance ! Il souffrait pour la petite fille et, à cause de son regard complice, il commençait à l'aimer.

Il y avait peu de clients dans ce salon de thé luxueux, situé dans un quartier élégant de la ville, où Soad lui avait donné rendez-vous. A part la fillette et sa mère, il n'y avait que deux autres tables occupées par des bonnes femmes qui s'empifraient de gâteaux, tout en radotant à voix basse. Heykal était écœuré par la voracité de ces femelles. Il but une gorgée de thé pour s'empêcher de vomir ; puis il poursuivit son étonnant dialogue avec la petite fille. Heykal la sentait intriguée par lui, consciente de l'étrange lien qui les unissait. Intérieurement, il tremblait d'émotion à se savoir l'objet de cette imagination enfantine. Que pouvait-elle supposer à son sujet ? Il en eut soudain assez de simuler l'indifférence et, changeant de tactique, il la fixa franchement. La fillette baissa vivement les yeux, cependant qu'une rougeur colorait ses joues. Cette dérobade emplit d'aise Heykal. Il frémit à l'idée folle qui venait le tenter. Prendre la fille par la main et partir avec elle sous l'œil horrifié de sa mère. Il était sûr qu'elle le suivrait.

La fillette le regarda cette fois avec des yeux encore plus tristes et comme embués de larmes. Soupçonnait-elle sa volonté de la sauver, de l'arracher à cette mère monstrueuse ? Il parut à Heykal qu'elle attendait de lui un signe pour se lever et le suivre. Mais il comprit qu'il divaguait. Il ne parviendrait jamais à satisfaire ce désir effréné qui le prenait chaque fois qu'il voyait un enfant de sa race en compagnie de parents indignes. Il sourit à la petite fille comme pour lui exprimer son regret. Et, chose extraordinaire, elle sembla comprendre, car elle inclina doucement la tête et son regard se fit plus doux. Heykal sentit son cœur défaillir dans sa poitrine et il ferma les yeux pour savourer cette divine compréhension de l'innocence.

Soudain Soad fut devant lui. Heykal ne la reconnut pas tout de suite ; un changement notable s'était opéré en elle. Elle portait ses cheveux relevés en chignon sur la tête ; ses yeux étaient noircis au khôl et ses lèvres fardées. Elle avait pris le maintien et la démarche d'une dame. Même l'expression de ses traits avait acquis une dureté inattendue. C'était un vrai déguisement. Heykal remarqua un détail encore plus surprenant que toute cette mascarade ; la jeune fille avait des boucles d'oreilles en grosses pierres précieuses d'une valeur certaine. Il ne fit aucun commentaire, car c'était sans doute ce qu'elle attendait.

Elle s'assit en face de lui et, pendant un moment, se livra à un manège grotesque ; celui de quelqu'un qui s'est affublé d'un masque et qui fait des mimiques pour se faire reconnaître. Mais Heykal garda une attitude détachée, presque froide ; il avait l'air de n'avoir aucune conscience de sa transformation. Vexée par ce manque de curiosité, elle regarda alors autour d'elle avec l'espoir d'être admirée par l'assistance, mais la rareté des clients la déçut, et son regard revint au jeune homme. Elle ne résista plus au désir de le questionner.

— Comment me trouves-tu ?

— Superbe ! dit Heykal. Tu me rappelles ma grand-mère !

Elle prit sa mine boudeuse de petite fille brimée, mais cela n'allait pas du tout avec son nouveau genre de beauté. Elle le comprit tout de suite au regard glacial que lui jeta Heykal. Elle venait de franchir volontairement la frontière qui la séparait de l'enfance. Désormais, elle ne pourrait plus jamais l'attendrir. Elle était une femme maintenant, et elle le savait prévenu contre les simagrées et la duplicité de son sexe.

Elle cessa tout à coup de bouder et dit, du ton posé d'une jeune femme très sûre d'elle-même :

— Tu devrais être plus gentil avec moi, car je t'apporte une fameuse nouvelle.

— Raconte. Je t'écoute.

— Eh bien, ça s'est passé aujourd'hui. Le gouverneur est venu voir mon père et une terrible bagarre a éclaté entre eux. J'ai tout entendu. Le gouverneur ne veut toujours pas croire que mon père n'est pour rien dans l'histoire de la statue ; il le rend responsable de sa situation.

— Il a raison d'être furieux, cet homme, dit Heykal. On ne peut l'en blâmer.

— Et une raison majeure, que tu ne connais pas encore. Le gouverneur ne l'est plus que pour une semaine. Le ministre l'a sommé de donner sa démission. Es-tu content ?

Heykal médita la nouvelle. Il était surpris de ne constater en lui aucune joie spéciale. Il avait plutôt l'impression d'un vide provoqué par la disparition du gouverneur. C'était comme si on lui avait arraché des mains un jouet singulier dont lui seul connaissait le mécanisme et le plaisir de s'en servir. Le gouverneur avait été durant un certain temps la source intarissable de son bonheur sur cette terre. Une providence ! Il distillait le suc dont se nourrissait son esprit critique. Heykal appréhendait son remplacement par un fonctionnaire médiocre, un petit tyran sans envergure, n'ayant même pas les fantaisies aberrantes de son prédécesseur ; car la banalité des tyrans le navrait encore plus que leurs crimes. On allait peut-être vers une période de médiocrité et d'ennui. Pour cela il suffirait d'un choix malheureux parmi les multiples candidats au poste vacant de gouverneur. Heykal s'attrista de devoir compter sur le hasard pour ses futurs agréments. Il le fallait pourtant.

Soad le regardait les yeux écarquillés ; elle s'attendait à une explosion de triomphe. Elle ne comprenait pas son silence.

— Tu ne dis rien !

— C'est une excellente nouvelle. Excuse-moi. Tu mérites une récompense.

Il lui prit la main par-dessus la table et la baisa gentiment. C'est alors qu'il vit à son doigt la bague ornée d'une énorme topaze. C'était un bijou fabuleux qui lui sauta aux yeux comme une illumination soudaine dans les ténèbres. Mais il ne marqua aucun étonnement et reposa la main de la jeune fille sur la table. La bague ressemblait à une chose vivante que Soad contemplait avec un effroyable délice. Elle dit, sans détourner son regard de la pierre brillante :

— Tu n'es pas étonné de me voir cette bague ?

— Pourquoi serais-je étonné ?

— Oh ! je sais, rien ne t'étonne ! Tu te soucies si peu de moi. Et pourtant je suis très malheureuse.

— Toi, malheureuse ! Avec tous ces bijoux !

— Je ne t'ai pas tout dit. Dans cette affaire du gouverneur, c'est moi la victime.

— Comment ça ?

— Eh bien, mon père a l'air de me soupçonner à propos du chèque. Il s'est sans doute renseigné au journal où tu l'as envoyé. Il ne m'en a pas parlé d'une façon explicite ; cependant il ne cesse de faire des allusions sur ma vilenie envers lui.

— Et c'est ça qui te rend malheureuse ?

— Non, mais maintenant il veut se débarrasser de moi. Il en a assez de me voir tourner autour de lui. Il exige que je me marie. C'est une terrible punition, tu ne trouves pas ?

— Mais que viennent faire ici les bijoux ?

— Tu comprends, je ne me suis pas laissé faire. Je lui ai répondu que je ne voulais pas me marier. Il a commencé par me menacer des pires représailles, puis, pour m'amadouer, il m'a donné les bijoux de ma défunte mère. Il les gardait dans un coffre pour me les offrir quand je serais plus grande. Mais il a décidé que, dès à présent, je devrais me comporter comme une femme en âge de se marier ; il veut que son futur gendre puisse évaluer toute la fortune que je lui apporte.

— Il n'a pas tort. Il connaît l'espèce d'homme qu'il fréquente. Tu peux dormir tranquille ; tu trouveras vite un mari.

— Alors, tu ne me plains pas !

— Ne te pose pas en victime. Tu es bien contente de te marier.

— Je ne peux pas faire autrement, puisque tu ne veux pas de moi.

— Je n'aime pas les bijoux, dit Heykal d'un ton tranchant.

Ainsi, c'était la fin de l'idylle, une fin aussi dérisoire que possible. Heykal n'avait rien espéré et il ne ressentait aucune désillusion. C'était dans l'ordre. Quelques bijoux, et la petite fille amoureuse avait disparu ; il ne restait qu'une femme attachée au confort et à l'argent, à cette sécurité fondée sur les biens matériels. Elle avait tout à coup cessé de s'amuser pour revenir à son monde pourri, car elle ne pouvait évoluer que dans l'imposture. L'imposture était son élément ; elle avait été conçue pour elle. C'est là qu'elle parviendrait le mieux à déployer ses talents, à assouvir sa soif de vanités et de victoires faciles sur les hommes.

Heykal aurait voulu verser quelques larmes sur cet être qu'il avait choyé et qui allait disparaître de sa vie. Mais ses yeux demeuraient secs ; sa douleur était d'une espèce bienfaisante, proche de l'allégresse. Il avait le sentiment de renaître dégagé et libre, de nouveau empli d'une richesse intacte. Il regarda vers l'autre petite fille — celle qui haïssait encore sa mère — pour retrouver sur son visage un peu de cette fraîcheur innocente qu'il venait de perdre.

Elle avait fini de manger sa glace et se tenait accoudée à la table, une main sur la joue, la mine maussade. Il sembla à Heykal qu'elle le boudait, et il sourit de la savoir déjà jalouse.

— Mais comment ferai-je ! gémit Soad. Comment pourrai-je simplement parler à un autre homme, maintenant que je t'ai connu ! Je veux dire pas seulement parce que je t'aime, mais parce que je vais m'ennuyer à mourir. A part toi, tous les gens me dégoûtent.

Il savait que ce n'était pas vrai, qu'elle s'adapterait facilement à la laideur de ce monde où elle retournait. Cette laideur ne l'offusquerait même plus ; elle serait cachée sous le brillant des travestis et des masques. Bientôt tous les gens de son entourage lui paraîtront d'une compagnie charmante ; elle n'ira pas chercher l'horreur derrière ces visages souriants conquis par sa beauté. Il connaissait la puérile vanité de la femme qui ne s'ennuie que lorsque cesse autour d'elle l'adoration. Et Soad était assez belle pour ne jamais s'ennuyer.

Mais à quoi bon la détromper ? Elle avait exécuté son rôle avec adresse et docilité. Elle lui avait aussi prodigué les trésors de son corps juvénile avec une ardeur digne d'estime. Il se devait de la suivre dans ses divagations et ses craintes ; il n'était pas un ingrat. Elle méritait encore un peu de sa tendresse.

— Je t'ai appris à te réjouir de tout dans ce monde, dit-il. Alors ne crains rien ; tu ne vas pas t'ennuyer.

— Tu penseras à moi ? demanda-t-elle. Puis, avec une pointe d'appréhension : Mais pas à ta façon moqueuse ! Parce que je te connais, moi !

— Je penserai à toi avec beaucoup de sérieux. Je te le promets.

Ils restèrent un moment silencieux ; puis Soad ouvrit son sac et se mit à refaire son maquillage. Heykal était captivé par l'air de contentement qu'elle avait en s'acquittant de cette tâche. C'était la première fois qu'il voyait la jeune fille accomplir ce geste profondément obscène, consistant à passer le bâton de rouge sur ses lèvres entrouvertes. Elle semblait fière de cet acte qui la plaçait au rang d'une femme. Le dégoût et aussi un certain ressentiment s'emparèrent de Heykal à la vue de ce barbouillage sacrilège qui défigurait l'image qu'il voulait garder de la jeune fille. Il détourna la tête, en attendant qu'elle terminât son œuvre barbare.

Quand elle fut enfin prête, il se leva. Ils sortirent du salon de thé et se quittèrent dans la rue.

Pour Heykal l'air de la rue charriait des senteurs nouvelles ; il frémissait de se sentir si disponible, déjà sensible aux promesses accumulées sur son chemin. D'autres visages, d'autres passions l'attendaient, et il pensait à son amour défunt avec une voluptueuse sérénité. C'était toujours la même chose chaque fois qu'une aventure s'achevait ; il éprouvait une sensation d'étrange bonheur, comme si la femme qu'il abandonnait avait emporté avec elle une parcelle de son amour et qu'ainsi un peu de lui-même vagabondait dans le vaste univers.

L'animation de la rue lui rappela que nul parmi la foule qui le croisait ne soupçonnait l'existence d'un événement important qu'il était seul à connaître. Le gouverneur allait bientôt donner sa démission. Heykal s'avisa tout à coup que c'était là un fait extrêmement réjouissant, qu'il lui fallait sans tarder apprendre à ses amis. Il pressa le pas et se mit à chercher du regard le vendeur de jasmin qui rôdait habituellement dans ces parages. Il l'aperçut enfin debout au coin d'une porte, hirsute, l'allure sinistre malgré la fleur rouge qu'il portait à l'oreille en guise d'enseigne à son commerce. Il s'approcha de lui et lui acheta un mince bouquet de jasmins qu'il enfouit délicatement dans la poche intérieure de sa veste. Puis il héla un fiacre et lança au cocher l'adresse d'Urfy.

Assis à son pupitre, dans la salle de classe vide, Urfy avait de la peine à concentrer son attention sur le livre qu'il lisait. La lumière du jour finissant pénétrait encore par les soupiraux du sous-sol, mais c'était une lumière avare, sordide comme celle d'un cachot. Urfy abandonna sa lecture, enleva ses lunettes et se frotta les yeux avec agacement. Les réflexions qui se bousculaient dans sa tête l'emplissaient d'amertume. C'était toujours au sujet de sa mère qu'il se faisait du mauvais sang. Il redoutait la décision qu'il avait à prendre. L'un de ses amis, médecin, lui avait fortement conseillé de mettre la vieille femme dans une clinique où elle serait soignée suivant les procédés les plus modernes. Il y aurait une faible chance pour que son état s'améliorât ; mais cette faible chance valait-elle le supplice de la séparation ? L'endroit était assez éloigné de la ville et il ne pourrait la voir que rarement. Urfy refusait obstinément cette solution ; il aurait eu l'impression d'abandonner sa mère en la livrant à des soins étrangers. Elle finirait peu à peu par l'oublier et son souvenir se perdrait dans les replis de sa mémoire vacillante. Il s'éteindrait à jamais dans son cœur. C'était pourtant sa seule sauvegarde contre ce monde atroce que cette lueur qui brillait encore dans l'esprit de sa mère et qui le reliait au bonheur de son enfance. Il refoula les larmes qui montaient à ses yeux et remit ses lunettes. Quand il voulut reprendre sa lecture, il s'aperçut que la lumière avait encore baissé et qu'il n'y voyait plus rien.

L'entrée de Heykal dans la salle de classe le fit sursauter et le troubla comme l'apparition d'un ennemi surgi des ténèbres pour accroître sa débâcle intérieure. Heykal était le dernier homme qu'il eût désiré voir en ce moment. Car le plus imperméable à son obsession. Son humour et son ironie allaient l'obliger à se comporter d'une manière incompatible avec les tourments qui l'agitaient. Il avait besoin de calme et de solitude. Il maîtrisa cependant le sentiment de révolte qui naissait en lui contre l'intrus et descendit de son pupitre pour aller à sa rencontre.

— Sois le bienvenu, dit-il.

— Salut, répondit Heykal. Je m'excuse de te déranger, mais il fallait que je te voie.

— Tu ne me déranges pas du tout, s'empressa de dire Urfy. J'étais en train de lire, mais je me suis aperçu qu'il faisait trop sombre. Attends, je vais chercher une lampe.

— Oh ! non, protesta Heykal. C'est très bien comme ça. Nous n'avons pas besoin de lampe.

Urfy n'insista pas, car le désir de son visiteur comblait son propre souhait de rester dans la pénombre. Il craignait par-dessus tout que le regard aigu de Heykal ne décelât son angoisse. A aucun prix il n'aurait voulu parler de sa mère, ni de l'affreux dilemme dans lequel il se débattait. C'était son calvaire à lui, une part sacrée de son destin, et il tremblait de voir saccager sa douleur par des mains impies. Mais il comprit qu'il n'échapperait pas à ce qu'il redoutait le plus, lorsqu'il sentit l'odeur de jasmin qui émanait du jeune homme. Il connaissait la manie de Heykal ; le bouquet devait se trouver dans la poche intérieure de sa veste ; il le sortirait au bon moment pour l'offrir à la vieille folle. Donc il avait l'intention d'aller lui rendre visite dans sa chambre. Ces entretiens entre Heykal et sa mère terrifiaient Urfy par leur côté fantasque, presque hallucinant. Cela dépassait sa capacité de résistance nerveuse. Il en frémissait à l'avance.

— Assieds-toi, dit-il, en désignant l'un des bancs à Heykal et en s'asseyant lui-même en face de lui de l'autre côté de la travée. J'espère que ce n'est rien de fâcheux qui t'amène.

— Au contraire. Tu peux te réjouir, Urfy, mon frère ! Le gouverneur est en pleine déroute.

— C'est dans les journaux ?

— Les journaux ne savent rien encore. La nouvelle m'arrive de source sûre. Tu peux m'en croire.

— Que s'est-il passé ?

— C'est bien simple. Comme je le prévoyais, le ministre a demandé sa démission au gouverneur. Dans une semaine nous serons débarrassés de lui.

Urfy n'avait aucune envie de se réjouir. Que lui importait la déroute du gouverneur ; elle ne pouvait remédier à sa propre déroute. Il ne trouvait rien à dire qui eût l'accent de la joie ou même de la satisfaction. Tout en lui était inerte, fondu dans la même souffrance. Il lui fallait pourtant ne pas décevoir Heykal par un mutisme trop prolongé. Il prononça d'une voix où perçait malgré lui un peu d'amertume :

— Cela comble tes vœux, n'est-ce pas ?

Il lui sembla que l'autre ne l'avait pas entendu, car aucune réponse ne lui parvint de ce visage immobile qui disparaissait lentement, happé par la pénombre. De plus en plus il distinguait mal les traits de Heykal, et cette situation le plongeait dans un trouble extrême. Il tressaillit à l'idée de l'entendre tout à coup éclater de rire. Son intuition lui disait que Heykal n'était pas dans son état normal ; il se passait en lui quelque chose d'indéfinissable, de vaguement inquiétant. Urfy se pencha sur la travée, réduisant la distance qui le séparait de son ami, et prêta l'oreille comme s'il s'attendait à écouter un message murmuré.

— En un sens, oui, répondit enfin Heykal.

— Que veux-tu dire ?

— Je veux dire, mon cher Urfy, que l'avenir nous réserve peut-être des surprises. Il ne faut pas oublier qu'il y a des gouverneurs médiocres, dont la tyrannie insipide ne nous offrira aucune matière délectable.

— Cela est certain, dit Urfy un peu interloqué par la bizarre précision de Heykal. Je pense que nous devons nous en remettre à la chance qui nous a souri jusqu'ici. Nous avons eu une période faste en ce domaine. Nous n'avons pas à nous plaindre.

— Je ne me plains pas. Mais j'ai l'impression que le prochain gouverneur sera d'un ennui mortel. Peut-être même tentera-t-il des choses sensées pour faire oublier les bêtises de son prédécesseur. On peut s'attendre à tout d'un homme qui veut se faire valoir. Nous serons peut-être forcés de nous exiler.

Urfy avait accompli un effort surhumain pour s'intéresser à l'inquiétude prématurée de Heykal au sujet du prochain gouverneur. Maintenant, il se demandait si vraiment Heykal n'avait pas deviné son désarroi. Et pourquoi l'englobait-il dans son désir de partir vers d'autres contrées plus fertiles en absurdités ? Il n'avait, lui, Urfy, nul besoin d'aller chercher ailleurs la démence et l'abjection. Elles fleurissaient dans ce sous-sol, meurtrissant journellement sa raison. Il pouvait se réjouir à domicile, et c'était cela peut-être que Heykal lui enviait. Il scruta le visage de son ami, avide d'y discerner les symptômes de cette jalousie dénaturée, hors du commun. Il ne vit que le sourire narquois qui semblait flotter dans la pénombre devenue tout à coup plus dense, et il comprit qu'il était un objet de dérision pour cet homme inaccessible à la pitié.

Le sourire s'effaça soudain et il entendit Heykal lui demander :

— Comment va ta mère ? Il y a longtemps que je ne l'ai vue.

— Elle est toujours au même point.

— Tu n'espères aucun changement ?

La scélératesse de cette question cabra Urfy et lui rendit un peu de sa force d'âme. Il était certain que Heykal ne l'avait posée que pour se rassurer lui-même. Heykal devait appréhender tout changement dans la santé de la vieille femme. Il conservait l'espoir de la voir toujours dans l'état où elle se trouvait : prodigue d'une folie promise à sa délectation.

Urfy fut pris par le désir de lui tendre un piège. Il arriverait peut-être à démasquer cette sollicitude plus torturante que la plus vile indifférence.

— On me conseille de l'envoyer dans une clinique, dit-il. Mais j'hésite encore à le faire.

— Je comprends ton hésitation.

— Mais je vais peut-être finir par m'y résoudre.

— Ne fais jamais cela ! s'écria Heykal avec une fougue qu'Urfy ne lui avait connue à aucun moment. Ne t'en sépare jamais, Urfy, mon frère ! Que peux-tu attendre de ces gens ? C'est comme si tu la livrais au bourreau !

— Elle a besoin de soins que je ne puis lui donner. Ils emploient dans cette clinique des méthodes thérapeutiques nouvelles. On me dit qu'il y a une chance de guérison.

— Tu es un enfant ! S'ils étaient capables de lui rendre la raison, pourquoi n'appliqueraient-ils pas leurs méthodes à toute l'humanité ! Mais non, aucune puissance ne peut l'arracher à son mal. Ils la traiteront de la façon la plus immonde. Et elle ne servira qu'à leurs sales expériences. Elle souffrira.

— Tu crois qu'elle ne souffre pas ?

— Si tu veux le savoir, elle n'a aucune idée de la souffrance. Il n'y a que nous pour la regarder et souffrir.

— Comment ! Toi, Heykal, tu souffres ?

Heykal avança la main et toucha le bras du maître d'école dans un geste de supplication.

— Ne l'abandonne pas à ces brutes ! Ça serait une monstruosité !

Il se tut et détourna la tête. Comment avait-il pu se laisser aller à cette faiblesse ? Le moment de panique passé, la peur de ne plus voir la vieille folle, de la perdre à jamais, il regrettait ses paroles et la passion avec laquelle il les avait prononcées. Qu'allait penser de lui Urfy ? Il devinait le regard du maître d'école, figé par la stupeur, en attente ; tandis que son propre regard se perdait dans l'obscurité épaisse qui régnait maintenant dans la salle de classe. Il ne distinguait plus que les lettres de l'alphabet inscrites à la craie sur le tableau noir, pareilles à des hiéroglyphes lumineux. Alors, lentement, comme s'il obéissait à leur sens magique, il se leva, suivit la travée, monta sur l'estrade et finit par s'asseoir au pupitre du maître d'école. Loin, au-dessous de lui, il aperçut Urfy, masse confuse, voûtée, engluée dans les ténèbres. Il lui sembla que des milliers d'années s'étaient écoulées depuis qu'il lui avait dévoilé son secret, et qu'il pouvait à présent le regarder en face avec la certitude d'être compris.

L'espèce de stupeur qui avait saisi Urfy se muait peu à peu en allégresse. Il avait retrouvé toute sa confiance et il aurait voulu crier à Heykal sa joie de le sentir si proche de lui dans son malheur. La douleur infamante s'était tue en lui pour toujours, maintenant qu'il savait Heykal accessible à la meurtrissure qui déchirait son âme. Mais l'autre s'éloignait de lui, une fois encore. Toujours muré dans son orgueil. Que faisait-il assis à ce pupitre, comme une créature perdue et solitaire sur un roc ? Pourquoi n'était-il pas auprès de lui, tenant sa main dans une étreinte fraternelle ? Il tenta de parler mais les mots s'arrêtèrent dans sa gorge et ce fut la voix de Heykal qui résonna dans le silence.

— Je peux la voir ?

— Elle en sera enchantée, dit Urfy. Viens.

Il attendit que Heykal vînt le rejoindre, puis tous deux sortirent de la salle de classe et longèrent le couloir qui menait à la chambre de la vieille folle.

La porte de la chambre était ouverte et une faible lumière s'y découpait. Urfy s'arrêta sur le seuil, inquiet de ne point découvrir sa mère. Il ne la voyait nulle part dans la chambre. C'était une sorte de cellule munie d'un soupirail hermétiquement clos par des planches de bois, afin de préserver la folle des regards indiscrets du voisinage. Elle contenait un petit lit de fer, une commode et un canapé recouvert d'une toile de jute ; sur le sol s'étendait une natte de paille tressée. Une lampe à pétrole, posée sur la commode, diffusait sa clarté parcimonieuse.

— Mère ! appela Urfy.

Il n'y eut aucune réponse, mais Urfy sentit quelque chose bouger dans le coin entre le lit et le mur. Il s'approcha suivi de Heykal. La vieille folle était accroupie par terre, occupée, semblait-il, à rapiécer des chiffons entremêlés sur ses genoux. Elle ne montra aucun signe d'étonnement à leur approche ; c'était comme s'ils avaient été toujours là. Toutefois ses yeux ternes brillèrent à la vue de Heykal, s'animèrent dans le désert de son visage.

— Je t'attendais, prince ! dit-elle. J'ai rêvé de toi la nuit dernière. Tu étais sur un cheval blanc et tu tuais un horrible dragon. Mais le dragon renaissait après chacun de tes coups et ne mourait jamais. Alors, toi, prince, tu riais, tu riais... Et moi, je savais pourquoi tu riais. Au fond, tu ne voulais pas tuer le dragon ; le dragon t'amusait trop pour que tu veuilles sa mort.

— Mère, dit Urfy. Lève-toi et viens te reposer sur ton lit.

Elle ne bougea que lorsque Heykal s'inclina devant elle et lui tendit la main pour l'aider à se relever. Elle agrippa sa main et se dressa prestement comme une jeune fille agile et pleine de grâce. Sa maigreur apparente sous la robe de cotonnade la rendait aussi légère qu'une plume. Elle fit le geste d'arranger les minces fils blancs qui lui servaient de cheveux, soudain étrangement coquette. Puis elle s'allongea sur le lit, dans une pose languide — effrayante d'impudeur naïve — comme une courtisane attendant les hommages de ses admirateurs.

C'est alors que Heykal tira de la poche intérieure de sa veste le bouquet de jasmins et le lui offrit. Elle s'en empara et le porta à ses narines, respirant le parfum des fleurs avec l'élégance d'une dame accoutumée à ces sortes d'attentions.

— Prince, tu me gâtes trop ! dit-elle en minaudant. Tu te ruines pour une vieille femme comme moi !

— Ce n'est que peu de chose, répondit Heykal, comparé au bonheur que tu me donnes.

— Du bonheur, moi ! Prince, tu te moques de ma vieillesse !

— Tu sais bien que je n'oserais jamais.

— Pourtant je devine que tu es un homme moqueur.

— Loin de toi, peut-être. Mais ici mon cœur déborde de gratitude.

— Ton cœur est grand, prince. Il a besoin de vastes espaces. Que peux-tu trouver dans ce misérable taudis ! Il y a des merveilles dehors. Pourquoi viens-tu perdre ton temps ici ?

Elle maniait le bouquet de jasmins comme un éventail et l'air fétide de la chambre commençait à embaumer. Heykal s'assit à ses pieds au bout du lit. Il semblait ignorer la présence d'Urfy et regardait la vieille folle avec une joie paisible.

— Il n'y a rien dehors que tu puisses regretter, dit-il. Il faut me croire.

Elle ferma soudain les yeux et parut s'abîmer dans une intense méditation. La tête rejetée sur l'oreiller, elle gardait le bouquet de jasmins fortement appuyé contre ses narines comme si elle aspirait l'odeur du monde du dehors, ce monde des vivants, et qu'elle tâchait de s'en souvenir.

Urfy luttait contre une impression d'irréalité. Il se tenait debout derrière Heykal et, par dessus l'épaule du jeune homme, il apercevait sa mère étendue sur son lit comme une morte. Il n'osait intervenir dans ce qui lui semblait être un don du ciel. Par quel miracle Heykal parvenait-il à soutenir une telle conversation avec sa mère ? Il lui parlait d'une façon naturelle, comme on parle à un être raisonnable, et la vieille femme répondait sur le même ton comme si son cerveau détraqué recommençait à fonctionner normalement par la seule magie de sa présence. C'était à ce point parfait qu'Urfy se demandait si sa mère était vraiment folle ou si elle jouait la comédie. Mais il rejeta cette incertitude de sa pensée ; ce qui importait le plus pour lui en ce moment, c'était le spectacle de sa mère sortant de sa nuit et retrouvant sa noblesse et sa gaieté.

La vieille femme rouvrit les yeux, abaissa le bouquet de jasmins et demanda avec une pointe d'anxiété dans la voix :

— Comment sont les hommes à présent, prince ? Je me rappelle qu'ils étaient méchants.

Elle semblait s'informer d'un pays étranger visité au temps de sa jeunesse et où elle n'était plus jamais retournée.

— Ils le sont toujours, répondit Heykal. Mais leur bêtise est encore assez réjouissante.

— Il n'y a aucune haine en toi. Je l'ai senti dans mon rêve de l'autre nuit. Je ne voyais aucune flamme mauvaise dans tes yeux quand tu combattais le dragon. Et pourtant il voulait te dévorer, prince. Je ne m'en serais jamais consolée. Fais attention à toi.

— Je ne me laisserai pas dévorer. Je ne suis pas de ceux qu'on dévore. Je sais me défendre même sans haine. Ne t'inquiète pas pour moi.

Elle agrippa sa main et la porta à ses lèvres, avec le geste d'une amoureuse comblée qui voit partir son amant vers une guerre ignoble.

— Oui, défends-toi. Et reviens ici toujours en vainqueur.

Heykal la contemplait, ému, touché jusqu'aux profondeurs insoupçonnées de son être par ce visage émacié et lisse, pas même marqué par les rides de la vieillesse. Aucun visage de lui connu n'avait cette transparence, ce vide absolu de toute souillure. Et même le visage de la petite fille dans le salon de thé lui paraissait maintenant empreint des stigmates de l'impureté. Son émoi d'alors comportait des ruses, des attentes, l'inflexible volonté de séduire un adversaire perfide, usant déjà des armes de sa féminité.

Rien de comparable à la paix de cet instant. Délivré ! Oui, il était délivré de l'oppressante hypocrisie des hommes. Il ne pouvait se sentir entièrement en paix avec ce monde qu'en face de cette folle, oublieuse des tourments de la vanité et du lucre, et devenue pour lui l'incarnation d'une créature humaine sans rancunes et sans ambitions.

Il s'aperçut que la vieille femme le regardait elle aussi avec un air heureux, comme si elle se doutait de la paix merveilleuse qui l'habitait.

— Nous nous comprenons tous les deux, n'est-ce pas, prince ?

— Oui, dit Heykal. Mais c'est notre secret et il ne faut le dire à personne.

Alors elle bondit du lit et se mit à sautiller, puis à tournoyer dans l'étroit espace entre le lit et la commode. Le bas de sa robe s'évasait autour de son corps débile, faisant apparaître ses jambes décharnées et parsemées de taches brunes. En même temps elle psalmodiait un refrain mélancolique, mais plein de verve et de jeunesse, avec une voix de petite fille joyeuse jouant dans le jardin de son enfance.

Heykal ne fit pas un geste pour l'arrêter dans sa farandole improvisée ; il se contentait de la regarder avec délice comme si cette scène avait pour lui la beauté singulière d'une vision surnaturelle.

Urfy avait pâli ; pendant un court instant, il eut envie de s'interposer, de briser le charme de cette danse frénétique qui ramenait sa mère à la folie. Mais quelque chose se passa en lui devant l'attitude de Heykal. Il comprit soudain que s'accoutumer à la folie n'avait rien de si terrible. C'était facile de vivre avec sa mère comme avec n'importe quel être vivant. La folie n'y ajoutait rien. Il accueillit cette pensée comme une délivrance et se mit à sourire à sa mère.

La vieille femme arrêta tout à coup son tournoiement et vint se blottir sur son lit, haletante, les traits figés dans l'extase.

— Petit, dit-elle s'adressant à son fils. Achète-moi une nouvelle robe. Une robe avec des paillettes. Je veux être présentable la prochaine fois que le prince viendra me rendre visite. Il m'offre des fleurs et moi, je le reçois comme une mendiante. Il faut qu'il me voie belle.

Elle chercha le bouquet de jasmins, le serra dans sa main, puis sa tête retomba sur l'oreiller et elle parut sombrer dans un sommeil léthargique.

Les deux hommes la contemplèrent un instant, puis ils sortirent en silence de la chambre.

Urfy n'osait rien dire ; il n'avait jamais été aussi heureux de sa vie. Il lui semblait qu'un énorme fardeau avait glissé de ses épaules, le rendant libre et invulnérable. Son dos n'était plus voûté, et il avait relevé la tête pour suivre Heykal jusqu'à la porte de la rue.

Ils se serrèrent la main avant de se quitter devant l'entrée du sous-sol, dans la rue déserte et mal éclairée.

— Tu possèdes là un bien précieux, dit Heykal. Ne l'abandonne jamais aux scélérats !

— Ne t'inquiète pas, répondit Urfy. J'ai compris maintenant. Et pardonne-moi, Heykal, mon frère, d'avoir mis si longtemps à comprendre.

Heykal s'éloigna de quelques pas, se retourna et vit Urfy toujours debout devant l'entrée du sous-sol. Il lui fit un dernier salut de la main, un salut plein d'onction et de grandeur, comme celui d'un monarque partant pour l'exil, loin de ses biens les plus chers.

XII

Ce n'était qu'un gros nuage en transit au-dessus de la ville, mais il cachait complètement le soleil et on eût pu croire qu'un orage se préparait. Le cerf-volant faisait une tache jaune sur le fond sombre du ciel ; il tanguait dans tous les sens, bousculé par les rafales de vent soufflant de la mer. Sa longue queue frangée se tortillait et se contorsionnait comme un serpent sorti du ventre du nuage, affolé par le vide. Karim tenait la ficelle d'une main ferme ; il s'activait en courant sur la terrasse, allant d'un côté à l'autre, manœuvrant le cerf-volant et lui donnant de plus en plus de l'altitude. C'était un nouveau, d'une taille énorme, qu'il expérimentait avec un plaisir sauvage, car il le dédiait à Amar, la petite prostituée, qui était de retour depuis la veille. Il l'avait trouvée en rentrant chez lui, assise à l'attendre sur les marches de l'escalier. Elle s'était excusée de le déranger, mais Karim l'avait soulevée dans ses bras et emportée dans la chambre. Il avait fait l'amour avec elle toute la nuit et au réveil il avait eu envie de lui offrir quelque chose. Mais quoi ? Il n'avait pas d'argent ni rien de précieux qui pût exprimer les sentiments de gratitude qu'il ressentait pour elle. Alors l'idée de fabriquer un cerf-volant à son intention, un cerf-volant qui ne fût pas à vendre, mais une œuvre d'art désintéressée, l'avait fait bondir du lit et se mettre au travail. Il avait choisi ses matériaux avec soin, comme s'il s'agissait de construire un palais pour la femme de ses rêves.

Maintenant il attendait que le cerf-volant fût parvenu à son apogée, bien fixe dans le ciel, pour appeler la jeune fille afin qu'elle vienne le contempler. Il était assez fier de lui car c'était une belle réussite que ce cerf-volant, et la jeune fille allait sûrement l'admirer pour sa science. N'était-ce pas un merveilleux cadeau qu'il lui offrait là : un joli cerf-volant voguant dans l'immensité orageuse du ciel comme une pensée d'amour frémissante ? Il sourit de son romantisme un peu bête, tout en guidant avec adresse le lourd cerf-volant à travers les écueils imprévisibles de l'atmosphère. La crainte d'un accident le rendait anxieux ; à la moindre inattention de sa part, son beau cadeau risquait de s'en aller en morceaux. Il eut un court instant de panique, puis respira, soulagé ; il était arrivé à la limite de sa manœuvre. Le cerf-volant s'était immobilisé tout là-haut dans le ciel, solitaire et royal ; Karim le sentait vibrer au bout de la ficelle. Il s'arrêta, tout essoufflé, son torse nu ruisselant de sueur, et s'accota au parapet de la terrasse. Pendant un long moment il considéra sa création avec un orgueil puéril.

— Que Dieu soit loué ! Je vois que tu t'amuses toujours !

Karim eut un sursaut et le cerf-volant tangua légèrement dans le lointain ; il dut tirer sur la ficelle pour le redresser. Il avait reconnu la voix, et, sans quitter des yeux le cerf-volant, il lança :

— Salut, Taher ! Crois-moi, je ne m'amuse pas, je travaille.

Taher s'avança sur la terrasse ; il portait son éternel costume étriqué, son faux-col dur et sa cravate. Mais cette fois il n'était pas nu-pieds ; il avait des chaussures avec des semelles neuves, très grosses, faites pour durer longtemps. Elles produisaient un bruit imposant sur les dalles qui couvraient le sol de la terrasse. Ce bruit paraissait plaire à Taher, car, à chaque pas, il s'affermissait dans sa dignité. Il s'approcha de Karim et mit sa main sur l'épaule du jeune homme.

— Je suis ravi de te voir dans ton labeur quotidien, dit-il. Tu as une splendide terrasse, je le reconnais. Ecoute, il faut d'abord que je m'excuse pour l'autre soir. Ton ami Heykal a compris mon geste. Mais toi, il fallait que je te parle.

— Je ne t'en veux pas, dit Karim.

Il ne regardait pas Taher, continuait à surveiller des yeux le cerf-volant. Le gros nuage s'éloignait à présent et le soleil reparaissait, brouillé, comme affaibli par cette longue absence. Ses rayons se réfléchissaient sur l'armature jaune du cerf-volant, lequel étincelait dans l'azur semblable à une traînée d'or. Karim s'extasiait sur tout cet or qu'il tenait au bout de sa ficelle, mais son extase se trouvait gâchée par des préoccupations plus réalistes. La présence de Taher sur sa terrasse n'était pas particulièrement à son goût ; elle lui était, au contraire, très pénible. Taher le plaçait dans une situation difficile, assez scabreuse même. L'intrusion chez lui d'un révolutionnaire patenté pouvait lui valoir des désagréments sans nombre, car il n'ignorait pas que la police devait être au courant des déplacements de son ancien camarade. Si par malheur ils apprenaient cette visite, ils ne manqueraient pas de lui susciter des ennuis, dont l'un des plus cruels serait de l'empêcher d'habiter sur cette terrasse. Ils l'obligeraient à déménager. Cela était facilement prévisible et ne faisait pas l'ombre d'un doute. Mais comment faire ? Il ne pouvait décemment interdire l'accès de son logis à Taher ; c'était tout à fait incompatible avec son caractère. Il avait au plus haut point le sens de l'hospitalité et, quoi qu'il pût arriver, il savait qu'il ne se résoudrait jamais à chasser de chez lui son ancien camarade.

Taher parut agacé par cette façon désinvolte de le recevoir ; il croyait Karim uniquement préoccupé de son cerf-volant.

— Laisse ce cerf-volant et regarde-moi, dit-il.

— J'ai mis une heure pour le faire monter si haut, dit Karim, les yeux toujours levés vers le ciel. Tu ne trouves pas ça beau !

— Je n'ai pas l'esprit à m'émerveiller d'un cerf-volant. Pour qui me prends-tu ? Allons, cesse de jouer, j'ai à te parler de choses sérieuses.

— Qu'ai-je fait à Dieu ! se lamenta Karim. Il y a des milliers d'hommes dans cette ville et il faut que ce soit à moi que tu viennes parler de choses sérieuses ! Tu ne peux pas t'amuser un peu ? Regarde ce cerf-volant, quelle merveille !

— Si je m'adresse à toi c'est parce que tu possèdes cette terrasse, dit Taher d'un ton énigmatique.

— Cette terrasse ! Tu veux l'acheter ?

— Ne dis pas de bêtises. Je voudrais simplement en disposer ce soir entre neuf heures et dix heures. Il te serait facile de me rendre ce service.

— Pour quoi faire ? Tu veux baiser une fille ? Si c'est pour ça je serais heureux de te prêter ma chambre.

Taher se tut, et même il leva la tête et regarda le cerf-volant immobile dans le ciel. Il lui fallait user de toute sa patience pour parvenir seulement à capter l'attention de Karim ; quant à le convaincre de son projet, c'était encore une affaire plus compliquée. Cet imbécile se prenait pour un ingénieur parce qu'il faisait voler un cerf-volant ! Une pareille dégénérescence était sans remède, et Taher se croyait confronté à ce qu'il haïssait le plus : les méandres d'un esprit facétieux. Comment l'atteindre, comment pénétrer sa conscience puisqu'il se prévalait de nier la dignité et l'honneur, ces trésors de l'âme que même le plus misérable mendiant conservait dans ses haillons. Il était là comme un enfant arriéré ébloui par son cerf-volant, pendant que tout un peuple souffrait, empuantissant la ville de sa douleur. Taher eut envie de pleurer, de crier, de frapper, mais il contint sa rage, car il était le mandataire de ce peuple et le bras armé de sa vengeance. Son devoir lui commandait pour l'instant de taire son amertume et de ne penser qu'au but qu'il s'était fixé.

— Sais-tu qu'il y a un grand gala ce soir au casino ? dit-il d'un ton adouci, presque amical, comme s'il espérait que Karim l'accompagnerait à cette fête.

— Non, ma parole ! Je ne suis pas aussi mondain que tu le crois.

— Il ne s'agit pas de mondanités. J'ai horreur de ça, tu t'en doutes. Mais le gouverneur y va ; c'est lui qui patronne la fête.

— Et alors ? demanda Karim, soudain inquiet au nom du gouverneur.

— Il passera dans sa voiture, avec son escorte de motocyclistes, juste en bas sur la corniche. C'est le seul itinéraire possible. J'ai étudié la question.

— Où veux-tu en venir ? Je ne comprends toujours pas.

Taher prit son temps avant de répondre. Il regarda le visage tendu de Karim, sa main crispée sur la ficelle du cerf-volant, puis lâcha d'une traite :

— Eh bien, c'est très simple. Je serai ici avec une bombe et je la lancerai sur sa voiture. Il n'y a pas de meilleur endroit.

— Nous y voilà ! s'écria Karim en abaissant sur Taher des yeux effarés. Je me doutais bien qu'il y avait une bombe quelque part.

Le cerf-volant, livré à lui-même, fit une terrible embardée et chuta de plusieurs mètres, comme un avion en perdition. Karim courut sur la terrasse, sans s'inquiéter de Taher, oubliant même le projet insensé qu'il venait de lui confier, ne pensant qu'à sauver son cerf-volant de la catastrophe. Il se démena dans tous les sens, parvint par une action rapide et efficace à remettre le cerf-volant sur sa trajectoire. Puis il se tint au milieu de la terrasse, très fier d'avoir démontré sa maîtrise et sa science de la navigation aérienne.

— Bravo ! lui cria Taher. Tu t'en es tiré merveilleusement bien ! J'avoue que tu m'as épaté.

La flatteuse appréciation de Taher était si lourdement chargée de ruse diplomatique que Karim en éprouva de la nausée. Il répondit sans se retourner.

— Mon cher Taher, sache que je ne participerai jamais à cet acte de violence. Ma terrasse n'est pas un abattoir.

— Tu ne peux pas me refuser, dit Taher en se rapprochant de lui. Ce n'est d'ailleurs pas à moi seul que tu refuserais, mais à tous nos camarades. Car tu penses bien que je suis mandaté par eux.

Karim sourit intérieurement. Avec son costume étriqué, son faux-col dur et sa cravate, Taher se présentait comme un humble mandataire ; il voulait lui faire savoir que, derrière lui, toute une organisation, tout un peuple peut-être, s'exprimaient par sa bouche. Il tentait de l'impressionner par l'ampleur de sa décision. Le prenait-il pour un imbécile ? Karim eut pitié de sa naïveté : il était certain que Taher n'avait parlé à personne de son projet. Il connaissait trop son goût du mystère, et cette insupportable hantise qu'il avait de se croire seul à combattre l'injustice et l'oppression. Il était mû, non par l'ambition, mais par quelque chose de pire : son idée personnelle de l'humanité souffrante. Il préméditait de commettre un acte de violence inouï, qui le conduirait fatalement à l'échafaud, et il y allait comme un aveugle marchant vers un gouffre : c'était pour lui comme un destin inscrit sur son front depuis sa naissance et qui devait s'accomplir. Sans doute ignorait-il que le gouverneur était en pleine déroute et qu'il se promettait de tuer un homme déjà moralement mort.

— Ecoute moi bien, dit Karim. Le gouverneur a perdu son poste. Il n'existe encore que pour quelques heures. Le ministre lui a demandé sa démission. Bientôt il ne sera plus qu'un souvenir. Je sais cela de source sûre.

— N'essaie pas de me raconter des histoires, dit Taher avec mépris. Tes sources, c'est de la rigolade. Tu veux me faire croire que ce sont vos affiches qui l'ont mis à bas ?

— Oui, ce sont nos affiches. Je sais que c'est dur pour toi de le reconnaître. Mais je t'en conjure, renonce à ton projet.

— Jamais. Nous avons décidé de frapper un grand coup. Le tyran mourra, c'est moi qui te le dis. Et tu vas nous aider.

Ce qu'il ne disait pas à Karim, c'était qu'il avait fomenté cet attentat pour laver la souillure dont l'avaient gratifié les plaisantes lubies de Heykal, cet impudent briseur de la révolution. Que la police le soupçonnât d'être l'auteur de cette mascarade était comme un poison qui lui rongeait le sang. Il ne supportait plus de continuer son travail de militant tant que cette imputation injuste paralyserait ses moindres pensées. Il lui fallait démontrer aux autorités qu'il n'avait pas renoncé à ses méthodes et qu'il leur importait encore de compter avec lui ; surtout ne pas les laisser s'endormir dans leur béatitude, avec la croyance qu'ils affrontaient des enfants en bas âge. Il désirait les secouer par une action brutale, qui leur ferait comprendre que toutes ces affiches, toutes ces histoires à propos d'une statue au gouverneur n'avaient rien de commun avec ses conceptions à lui pour renverser le pouvoir. Après cet attentat, ils seraient forcés d'admettre leur erreur. C'était la seule issue qu'il avait trouvée pour sauver l'honneur de son parti vis-à-vis de la police. Car Taher était futile à sa manière un peu sanguinaire.

— Tu ferais mieux de ne pas compter sur moi, dit Karim qui commençait à ramener le cerf-volant en tirant sur la ficelle et en l'enroulant autour de son poignet. Je n'accepterai jamais de marcher dans ta combine.

— Ce n'est pas ma combine ! s'écria Taher furieux. C'est la cause du peuple qui est en jeu ! Alors tu n'aimes plus le peuple ?

— Je n'aime pas ma propre mère, répliqua Karim agacé. Pourquoi veux-tu que j'aime le peuple ?

— Tu parles comme un salaud ! Avoue que tu as peur.

— Certainement que j'ai peur. Qu'est-ce que tu crois ? J'aime la vie, moi !

— C'est ça que tu appelles la vie ? fit Taher en désignant du doigt le cerf-volant.

— Ça peut te sembler bizarre, dit Karim en souriant. Mais pour moi, faire voler un cerf-volant suffit à me rendre heureux. Ton gouverneur ne m'intéresse que dans la mesure où sa bouffonnerie m'amuse. Que m'importe sa mort, j'ai horreur des pleureuses.

Il continuait d'enrouler la ficelle autour de son poignet, faisant peu à peu perdre de l'altitude au cerf-volant. Taher le regardait avec une haine froide, féroce. L'insolence de Karim le suffoquait, mais il parvenait à dominer son indignation ; il n'avait en vue que sa terrible mission. L'attentat contre le gouverneur était devenu sa raison d'être et de mourir. Il ne reculerait devant aucune humiliation, aucun sacrifice d'amour-propre, pour arriver à ce but glorieux. Insister, persuader, c'était son rôle de militant ; et, bien qu'il considérât Karim comme un traître et un renégat, il était prêt à se prosterner devant lui et le supplier de lui accorder son aide. Karim ne signifiait plus rien pour lui, il l'avait définitivement arraché de son cœur ; il n'était plus que l'instrument par lequel il réglerait son compte au gouverneur.

Le cerf-volant arrivait sur eux, comme un énorme oiseau blessé, resplendissant dans le soleil. Karim le fit atterrir avec souplesse, puis courut le ramasser et le déposa dans un coin de la terrasse.

Pendant ce temps, Taher se croyait la proie d'un mirage habilement conçu pour le séduire et réduire à néant son énergie vengeresse. Il contemplait, muet de surprise et de colère, la fille debout dans l'encadrement de la porte donnant sur la chambre de Karim. C'était Amar, la petite prostituée, qui venait rejoindre son amant et qui, voyant un étranger sur la terrasse, se tenait sur la réserve, aussi étonnée que lui-même. Elle avait pris un bain et son apparence était fraîche et pimpante. Son jeune corps transparaissait sous le fin tissu de sa robe, la rendant étrangement désirable. Taher détourna les yeux avec dégoût, comme si cette apparition représentait pour lui l'image même de la débauche et du stupre.

— Tu vis avec une femme maintenant ! fulmina-t-il à l'adresse de son camarade.

— C'est ma maîtresse, dit Karim. Viens que je te la présente.

— Je n'y tiens pas. Mais alors, elle a dû entendre notre conversation !

— Ne t'en fais pas. Elle n'ira pas te dénoncer. C'est une victime du gouverneur. Ses sbires l'empêchent de racoler.

— Je m'en fous d'une pareille victime, dit Taher. Elle n'offre aucun intérêt. Ce n'est qu'un déchet du système social qui nous oppresse.

— Comment ! rugit Karim. Tu considères ça comme un déchet ! Mais elle a les plus beaux seins du monde ! Je me contenterais volontiers de ces sortes de déchets.

Un instant plus tôt, Taher conservait encore un faible espoir de convaincre Karim, mais après avoir vu cette fille aux allures de vestale, il avait compris qu'il était vain d'attendre quelque chose d'un homme vivant dans le concubinage et la luxure. Karim se trouvait sous l'influence charnelle de cette fille ; il était devenu l'esclave de son sexe, une épave surnageant dans le cloaque du régime. Il ne pouvait même pas servir de paillasson à la révolution.

— Je m'en vais, dit-il. Mais je n'ai pas perdu mon temps. Tu m'as appris jusqu'où peut aller un homme dans l'abjection !

— Attends ! dit Karim. Je vais faire du café. Tu ne veux pas boire une tasse de café ?

Il venait de se rappeler qu'il avait failli à toutes les règles de la civilité en n'offrant rien à Taher, et il en était sincèrement honteux.

Mais Taher ne se retourna même pas pour accepter ou refuser son invite ; le bruit de ses grosses semelles résonna longuement dans l'escalier, puis s'évanouit pour toujours.

La jeune Amar traversa la terrasse et s'approcha de son amant.

— Qu'est-ce qu'il avait ce type ? Il m'a fait peur.

— C'est un fabricant de bombes, répondit Karim.

— Des bombes ! s'étonna la fille. Quel jour noir !

— Au contraire, c'est un jour merveilleux !

Il la prit par l'épaule et, tout en la serrant contre lui, il la ramena dans la chambre. Cette histoire d'attentat lui avait donné l'envie de faire l'amour.

***

Ce fut le lendemain, vers midi, en ouvrant le journal que venait de lui apporter son domestique, que Heykal apprit la nouvelle de l'assassinat du gouverneur.

Il y avait sur la première page du journal un cliché représentant la voiture du gouverneur déchiquetée par l'explosion de la bombe, et une photo de Taher, le visage tuméfié et sanglant, ses poings enserrés dans les menottes tendus devant lui dans un geste de suprême dignité. Les détails de l'attentat remplissaient plusieurs pages, mais Heykal n'alla pas plus loin. Il froissa le journal et le jeta par terre. Il était mortifié par l'horreur de cette violence gratuite. Le gouverneur avait pratiquement disparu de la scène, et Taher venait d'en faire un martyr. D'un bourreau il avait fait une victime, un exemple glorieux de civisme et de sacrifice pour les générations futures, perpétuant ainsi l'éternelle imposture.

Diffusion-distribution : Harmonia Mundi

ACHEVÉ D'IMPRIMER
SUR LES PRESSES DE
L'IMPRIMERIE CHIRAT
42540 ST-JUST-LA-PENDUE
EN FÉVRIER 1993
DÉPÔT LÉGAL 1993 N° 7347
N° D'ÉDITEUR 1

Imprimé en France
pour le compte des Editions Joëlle Losfeld
14, rue Servandoni, 75006 Paris